親鸞書簡集　目次

装幀　上田晃郷

親鸞書簡集

凡例

◎親鸞の書簡として、真蹟、古写、及び各種消息集に残る全四十三通を年時順に考案・配列した。
◎本文は『定本親鸞聖人全集』書簡篇（法藏館）に依り、歴史的仮名遣いを現代仮名遣いに改めた。
◎必要に応じて『』・「」・句読点を施した。
◎漢字については、通行の常用漢字体のあるものは常用漢字体に改めた。
◎それ以外の変更をほどこした箇所については、脚注に記載した。
◎難解と思われる漢字については適宜振り仮名を施した。

第一通　いやおんなのこと

（本　文）

いやおんなのこと、ふみかきて、まいらせられ候なり。いまだ、いどころもなくて、わびいて候なり。あさましくあさましく、もてあつかいて、いかにすべしともなくて候なり。あなかしこ。

三月廿八日　（花押）

わ□ごぜんへ　しんらん

（現代語訳）

いや女のことについて、手紙をお送りになったそうですが、あのものはいまだ定まった居所もなく、貧しく暮らしております。情けないことですが私の手にはあまり、どうしてやることもできません。あなかしこ。

三月二十八日

王御前へ　親鸞

わびいて　みすぼらしく暮らして。

わうごぜん　二字目は読めないが、恵信尼消息に見られる「王御前」のことで、親鸞滅後、「覚信尼」と言った。親鸞の末娘。

（要　義）

親鸞が、末子・覚信尼に宛てた、いや女の行く末を案じる手紙。

親鸞の妻・恵信尼《えしんに》が、娘・覚信尼《かくしんに》に宛てた書簡類、すなわち『恵信尼消息』には、「わうごぜん」との宛て名の見えるものがあり、このことから、この親鸞の手紙の宛て名「わ□ごぜん」とは、覚信尼であることがわかる。

いや女については、寛元元年（一二四三）、いや女が照阿弥陀仏より東の女房に譲り渡されたことを親鸞が認証する、いわゆる「いや女譲状」（西本願寺蔵）にその名が見える。この譲り状の存在により、親鸞はいや女の保証人のような役割を果たしていたと考えられるが、親鸞父娘との関係はそれ以上詳しくわからない。

この手紙はその譲り状以後、すなわち親鸞七十一歳より後のものであると考えられる。

第二通　来迎は諸行往生にあり

（本　文）

愚禿親鸞曰、

来迎は諸行往生にあり、自力の行者なるがゆえに。臨終ということは諸行往生の人にいう

諸行往生　本願の念仏以外のさまざまな行を修して浄土

べし、いまだ真実の信心をえざるがゆえなり。また十悪・五逆の罪人の、はじめて善知識におうて、すすめらるるときにいうことなり。真実信心の行人は、摂取不捨のゆえに、正定聚のくらいに、信心のさだまるとき住す。このゆえに臨終をまつことなし、来迎をたのむことなし。信心のさだまるときに往生はさだまるなり。来迎の儀則をまたず。正念というは、本弘誓願の信楽さだまるをいうなり。この信心をうるゆえに、かならず無上涅槃にいたるなり。この信心を一心という、この一心を金剛心という、この金剛心を大菩提心というなり。これすなわち他力の中《（ママ）》他力なり。また、正念というにつきて二あり。一は定心の行人の正念、二は散心の行人の正念あるべし。この二の正念は他力中の自力の正念なり。定散の善は諸行往生のことばにおさまるなり。この善は他力の中の自力の善なり。この自力の行人は来迎をまたずしては、胎生《たいしょう》・辺地《へんじ》・懈慢界《けまんがい》までも、むまるべからず。このゆえに、第十九の誓願に、もろもろの善をして浄土に回向して往生せんとねがう人の臨終には、われ現じてむかえんとちかいたまえり。臨終をまつということと、来迎往生をたのむということは、この定心・散心の行者のいうことなり。選択本願は有念にあらず、無念にあらず。有念、すなわち色形をおもうにつきていうことなり。無念というは、形をこころにかけず、色をもこころにおもわずして、念もなきをいうなり。これみな聖道のおしえなり。聖道というは、すでに仏になりたまえる人、われらがこころをすすめんがために、仏心《ぶっしん》宗・真言宗・法華宗・華厳宗・三論宗等の大乗至極の教なり。仏心宗というは、このよにひろまる禅宗これなり。また法相宗・成実宗・倶舎《くしゃ》宗等の権教《ごんきょう》、小乗等の教なり。これみな聖道門なり。権教というは、すなわちすでに仏になりたまえる仏・菩薩の、かりにさまざまのかたちをあらわして、すすめたまうがゆえに権というなり。浄土宗にまた有念あり、無念あり。有念は散善の義、無念は定善の義なり。浄土の無念は聖道の無念にはにず。この聖道の無念の中にまた有念あり。よくよ

に生まれようとすること。

自力　自分の力をたのみはげますこと。

善知識　正しい教えを説き仏道に入らせ、さとりを得させる師。浄土教では特に念仏の教えを勧め導く人。

正定聚　往生が正しく定まり、必ずさとる事が出来るともがら。

本弘誓願　仏・菩薩が因位において必ず建てる誓い。ここでは阿弥陀仏の因位法蔵菩薩の誓いの中、特に第十八願を指す。

信楽　本願を信じて疑わない心。第十八願に誓われる至心・信楽・欲生の一つ。親鸞は如来のはたらきによって衆生に与えられる心とした。

無上涅槃　この上ないさとり。煩悩の火が消え智慧が完成された境地。

定散の善　定善と散善。定善とは精神を集中して修する

くとうべし。浄土宗の中に真あり、仮あり。真というは選択本願なり。仮というは定散二善なり。選択本願は浄土真宗なり。定散二善は方便仮門なり。浄土真宗は大乗の中至《(ママ)》極なり。方便仮門の中にまた大小権実の教あり。釈迦如来の御善知識者《は》一百一十人なり。『華厳経』にみえたり。

建長三歳辛亥閏《うるう》九月廿日　　釈親鸞七十九歳

（現代語訳）

仏・菩薩の来迎というのは、さまざまな行を修して往生を願う際に言うことであって、それは、その者たちが自分自身の力をたのみと励む行者であるからである。また、来迎を期《ご》す臨終のときということも、そういった自力の諸行をもって往生しようとする人たちにとっては問題となるに違いないが、結局はそれも、いまだ真実の他力の信心を得ていないがゆえなのである。あるいは、十悪・五逆といった罪悪を犯し、それまで仏法に縁のなかった罪人が、死に臨んで初めて仏法の師に出会って念仏を勧められるという場合にも、やはり臨終の来迎ということは言われる。しかしながら、真実の信心を得た行人は、阿弥陀仏の摂取不捨のはたらきによって、信心が定まるときに必ず浄土に往生してさとりを開く身となる。それゆえ、臨終を待つ必要もないし、来迎をたのみとすることもない。まさしく平生《へいぜい》、信心の定まるそのときに往生は定まるのであり、信心の行者には、さまざまに説かれる臨終来迎

善、散善とは日常の散り乱れた心で修する善をいう。

回向　めぐらしさしむけること。

選択本願　阿弥陀仏が因位法蔵菩薩のとき、十方諸仏の国土から善妙なものを選び取り、麁悪なものを選び捨てて衆生救済のためにたてた誓願。

浄土宗　往生浄土を目指す仏道。

浄土真宗　弥陀の本願のはたらきによって浄土に往生する仏道。

方便仮門　弥陀の本願のはたらきに目覚めさせるための手立て。

一百一十人　『華厳経』「入法界品」には、善財童子が百十人の善知識をたずねてさとりを成就すると説かれる。善財童子は釈尊の求道心の象徴。

建長三歳　一二五一年。親鸞七十九歳。

の儀式法則というものはまったく必要がないのである。

正念というのは、阿弥陀仏が立てられた誓いの本願を信ずる心が定まることを言うのである。この信心を得るからこそ、必ずこの上ない涅槃に至りつく。この信心を一心と言い、この一心を金剛心と言う。またこの金剛心を大菩提心と言うのである。これがすなわち、他力の中の真の他力である。

また、正念と言う場合には、さらに次の二つがある。一つは定心の行者の正念であり、もう一つは散心の行者の正念である。これら二つの正念は、他力の中の自力の正念である。というのも、これら定心や散心で行う善というのは、先に述べた「諸行による往生」という言葉のうちにそのまま収まってしまうものであり、それゆえ、これら定散の正念に基づいて行う善は、他力の教えの中の自力の善となるのである。そして、このような自力の行者は、仏・菩薩の来迎を待たない限り、たとえそれが胎生・辺地・懈慢界であっても、阿弥陀仏の浄土に生まれることはできない。だからこそ、阿弥陀仏は第十九の誓願において、「自ら積んださまざまな善を振り向けて浄土に往生しようと願う人がいれば、私はその臨終にすがたを現してかの人を迎えとろう」と、誓われたのであった。臨終を待つということと来迎による往生をたのみとするということとは、こういった定心や散心で自力の善を行う行者が言うことなのである。

来迎　臨終に阿弥陀仏や菩薩が来現して、浄土へ迎え導くこと。

信心　本願を信じ疑わない心。親鸞は如来の本願のはたらきによって衆生に与えられる心とする。

十悪　身口意につくる十種の悪業。①殺生（生命を奪う）②偸盗（盗む）③邪婬（よこしまな男女関係）④妄語（嘘をつく）⑤両舌（二枚舌）⑥悪口（悪い言葉）⑦綺語（かざり言葉）⑧貪欲（むさぼり）⑨瞋恚（いかり）⑩愚癡（おろかさ）。

五逆　恩に逆らい福徳に逆らう五つの大罪。三乗の五逆は①殺父②殺母③殺阿羅漢④破和合僧（僧の和合を破る）⑤出仏身血（仏身より血を出す）。大乗の五逆は①寺塔を破壊し経蔵を焼き三宝の財物を盗む②仏の法を誹り聖教を軽んじる③僧阿弥陀仏が選択された本願の念仏というのは、有念でもなく無念でもない。有念とはすなわち、色や形を心に思い浮かべて行う観想を言い、無念というのは、形を心にかけず色も心に思わないで、思うという感覚からも離れる観想を言うのであるが、これらはみな聖道の教えで言うことである。その聖道というのは、すでに仏になられた方々が、私たちの心を勧めるために、仏心宗・真言宗・法華宗・華厳宗・三論宗等を開いて示された大乗至極の教えを言う。仏心宗というのはいま世の中に広まっている禅宗がこれである。また、法相宗等の大乗権教や、成実宗・倶舎宗等の小乗の教えもみな聖道門に含まれる。権教というのもつまり、すでに仏になられた仏や菩薩がたが、仮にさまざまなすがたを現して勧めてくださるので権と言うのである。

また、浄土の教えの中でも有念・無念と言うことがある。そのときの有念とは散善の意味で、無念とは定善の意味で言うのであって、浄土教で言う無念は、聖道で言う無念とは違うものである。なお、この聖道の無念の中には、さらにまた有念と言われるものもあるが、それについてはその道の人に詳しく尋ねるのがよいだろう。

浄土の教えの中に、真実と権仮《ごんけ》とがある。真実というのは阿弥陀仏が選び取られた本願の念仏であり、権仮とは定善・散善の二つの自力の善である。すなわち、阿弥陀仏の選択本願念仏こそは浄土の真実の教えであり、定散の二善は方便の仮の教

侶を罵り責め使う④小乗の五逆に同じ⑤因果を否定し十悪を犯す。

摂取不捨　阿弥陀仏の摂め取って捨てないはたらき。

一心　二心のないこと。

金剛心　金剛のように堅固である心。

大菩提心　菩提心とはさとりを求める心。如来より与えられるので大菩提心と言う。

他力　如来の本願のはたらき。

定心　一つのものごとに専注する心。

散心　日常の散乱した心。

胎生・辺地・懈慢界　真実報土の周辺にある化土。仏智を疑う自力の行者が生まれるとされる。あたかも母胎にあるように蓮華の胎内につつまれ、仏・法・聖衆にあえないという。

第十九の誓願　阿弥陀仏が建てた第十九の誓い。「たとい我、仏を得んに、十方衆生、菩提心を発し、もろも

えなのである。この浄土真実の教えは大乗の中の至極である。そして、方便の仮の教えの中に、大乗・小乗、権教・実教と分けられる教えが含まれるのである。釈迦如来の善知識は百十人である。これは『華厳経』に記されている。

建長三年閏九月二十日　　釈親鸞七十九歳

（要　義）

建長年間のはじめ、浄土の他流である鎮西派の然阿《ねんあ》良忠《りょうちゅう》（一一九九〜一二八七）が信濃より東関に入り、上野・下野・下総・常陸・武蔵地方で広く教線を張った。その影響により、関東の真宗門弟の間では、念仏義に関しての混乱が発生したと推察される。この手紙は、その中で生じてきたいくつかの疑義について、真宗念仏の立場より順次答えたものであろう。

良忠を第三祖とする浄土宗鎮西派の考えによれば、凡夫の往生は、信心を具えた念仏の因に仏の願力の強大な縁が加わって成し遂げられるのだという。微力とはいえ、本願の念仏を修するのはあくまで私たちの自力であると認め、そこに加わる仏力が極めて強大であるから他力教というのだと説かれる。このように、浄土往生について私たちの自力を認める立場に立つ限り、往生の妨げになる罪悪は少なければ少ない方がよく、それを滅する念仏は多ければ多い方がよいという論理が成り立つ。

ろの功徳を修して、心を至し願を発して我が国に生まれんと欲わん。寿終わる時に臨んで、たとい大衆と囲繞してその人の前に現ぜずんば、正覚を取らじ」。

聖道　この世で聖者となり、さとりをひらく道。

法華宗　天台宗。

大乗　衆生を平等にさとりに至らせる教え。

仏　真理に目覚めた者。さとった者。

菩薩　衆生を救済するためにさとりを目指している者。

釈迦如来　紀元前六〜五世紀の誕生。釈迦族出身の聖者。仏教の開祖。没後、そのさとりの内容の研究が進むにつれ、歴史上実在した人物から真理そのものと理解されるようになっていった。

『華厳経』　釈尊が成道の直後、さとりの内容をそのまま文殊・普賢等の菩薩に説いた説法。漢訳に六十巻・

そうして、すべてが精算される臨終の瞬間に至るまで造罪とその滅罪とが問題となり、その臨終のときを待たねば、自らの浄土往生は確実なものとはならないのであった。そこで、往生をより確実にするための臨終正念が願われ、仏・菩薩の来迎が期されたのである。

それに対し、浄土真宗では自力と他力とは両立しないという立場に立つ。自らの力をあてにし、自らの力が役立ち得ると考える根強い執着を放擲して、初めて阿弥陀仏の利他の力にすべてをゆだねることができる。他力往生とは、自己のはからいを捨て去り、阿弥陀仏の選択本願のはたらきに身をまかせて往生することである。その選択本願を受け容れること、それを信心が定まると言い、正念とも言うのである。そして、信心を得た者は阿弥陀仏の救いの懐裡に摂め取られ、臨終を待たずして浄土往生は確実なものとなる。もはや臨終正念を願ったり、臨終来迎を待つ必要はないのである。

阿弥陀仏の選択本願念仏による往生、親鸞において、それは自力が捨て去られたところに仰がれる他力の救いであった。それが浄土の真宗であり、すべてのものに等しく開かれた仏道、「大乗の中の至極」である。

八十巻・四十巻の三本がある。

第三通　護念坊のたよりに

（本　文）

護念坊《ごねんぼう》のたよりに、教忍《きょうにん》御坊《ごぼう》より銭二百文御こころざしのものたまわりてそうろう。さきに念仏のすすめのもの、かたがたの御なかよりとて、たしかにたまわりてそうらいき。ひとびとによろこびもうさせたまうべくそうろう。さてはこの御たずねそうろうことは、まことによき御うたがいどもにてそうろうべし。まず一念にて往生の業因はたれりともうしそうろうは、まことにさるべきことにてそうろうべし。さればとて一念のほかに念仏をもうすまじきことにはそうらわず。そのようは『唯信鈔』にくわしくそうろう。よくよく御覧そうろうべし。一念のほかにあまるところの念仏は、十方の衆生に回向すべしとそうろうも、さるべきことにてそうろうべし。十方の衆生に回向すればとて、二念・三念せんは往生にあしきこととおぼしめされそうらわば、ひがごとにてそうろうべし。念仏往生の本願とこそおおせられてそうらえば、おおくもうさんも、一念・一称も、往生すべしとこそうけたまわりてそうらえ。かならず一念ばかりにて往生すといいて、多念をせんは往生すまじきともうすことは、ゆめゆめあるまじきことなり。『唯信鈔』をよくよく御覧そうろうべし。また有念・無念ともうすことは、他力の法文にはあらぬことにてそうろう。聖道門にもうすことにてそうろうなり。みな自力聖道の法文なり。阿弥陀如来の選択本願は、有念の義にもあらず、無念の義にもあらずともうしそうろうなり。いかなる人もうしそうろうとも、ゆめゆめもちいさせたまうべからずそうろう。聖道にもうすことを、あしざまにききなして、浄土宗にもうすにてぞそうろうらん、さらさ

護念坊　「護念」の名は『親鸞門弟交名牒』に見えないが、そののち良空の『高田正統伝』（巻五）に「猿島護念房」とあり、下総国猿島に住したという。

教忍　『親鸞門弟交名牒』に、「顕智　真仏附法・上人面授」の下に「教忍」の名を載せる。

御こころざしのもの　ご懇志の物。

念仏のすすめのもの　念仏勧進の物。

一念　南無阿弥陀仏と一声称えること。多念に対する。

往生の業因　往生浄土の因となる行い。

ひがごと　僻事。心得ちがいのこと。

ゆめゆめ　決して決して。

らゆめゆめ、もちいさせたまうまじくそうろう。また慶喜《きょうき》ともうしそうろうことは、他力の信心をえて往生を一定《いちじょう》してんずと、よろこぶこころをもうすなり。常陸国中の念仏者のなかに、有念・無念の念仏沙汰のきこえそうろうは、ひがごとにそうろうと、もうしそうらいき。ただ、詮ずるところは、他力のようは行者のはからいにてはあらずそうらえば、有念にあらず、無念にあらずともうすことを、あしうききなして、有念・無念なんどもうしそうらいけるとおぼえそうろう。弥陀の選択本願は行者のはからいのそうらわねばこそ、ひとえに他力とはもうすことにてそうらえ。一念こそよけれ、多念こそよけれなんどもうすこと、ゆめゆめあるべからずそうろう。なおなお一念のほかにあまるところの御念仏を法界《ほっかい》衆生に回向すとそうろうは、釈迦・弥陀如来の御恩を報じまいらせんとて、十方衆生に回向せられそうらわんは、さるべくそうらえども、二念・三念もうして往生せんひとを、ひがごととはそうろうべからず。よくよく『唯信鈔』を御覧そうろうべし。念仏往生の御ちかいなれば、一念も十念も往生はひがごとにあらずとおぼしめすべきなり。あなかしこあなかしこ。

十二月廿六日　親鸞

教忍御坊御返事

（現代語訳）

護念坊の幸便に託された教忍坊よりの銭二百文を、お志としていただきました。また先には、御地の方がたより念仏の勧進のためにということで、これも確かにいただいております。どうぞ、皆様がたに私の感謝の気持ちをお伝えください。方がたへのお礼はこの手紙に代えさせていただきますが、どうか同様によろしくお伝え

あしざまに　よくないふうに。

常陸国　現在の茨城県の大部分。

法界衆生　全宇宙の生きとし生けるもの。

銭二百文　建長六年（一二五四、親鸞八十二歳）当時の文献『高野山文書』によると、玄米一千升（十石）が銭一万文（十貫）と示される。米一石は二俵半、一俵

ください。

ところで、この度のお尋ねは実によい疑問です。まず最初に、往生のための業因はただ一度の念仏で十分であるということは、まことにその通りだと言えましょう。しかし、だからといって、二声三声と念仏を申してはならないということではありません。そのことについては、『唯信鈔』に詳しく記されています。よくよくご覧になってください。また、一声の念仏のほかに余分に称えた念仏はあらゆる世界の衆生に振り向ければよいと言うのも、なるほどもっともなことでありましょう。ですが、余分の念仏はすべての衆生に振り向けるのがよいということを主張するあまり、自らの浄土往生を願って二声三声と念仏するのは正しくないことだとお考えになるなら、それは誤りだと言わなければなりません。法然聖人は、阿弥陀仏の第十八願を念仏往生の本願とお呼びになっているのですから、その名前が示すように、念仏を多く称えるものも、ただ一声称えるものも、等しく往生できるのだといただいております。間違いなく一声の念仏だけで往生するのだと言い張って、数多く念仏するようなものは往生できないと退けるようなことは、決してあってはならないことです。どうか『唯信鈔』をよくよくご覧になってください。

また、有念・無念ということは、他力の教えにはありません。聖道門において言われること、こういったことはすべてみな、自分自身の力をたのみとする聖道で言

は六十キロ。現在、米十キロは四千円（平成十二年守山JA調べ）。したがって「銭二百文」は一万二千円に相当する。

『唯信鈔』　一巻。法然の滅後九年（一二二一）、安居院の聖覚（一一六七〜一二三五）によって著された。『選択集』に基づき、浄土の教えはただ信心を肝要とすることを述べる。この書を親鸞は何度も書写している。

念仏往生の本願　阿弥陀仏が建てた第十八の願。「たとい我、仏を得んに、十方衆生、心を至し信楽して我が国に生まれんと欲うて、乃至十念せん。もし生まれずは、正覚を取らじ。唯五逆と正法を誹謗せんをば除く」。念仏するものを浄土に生まれさせることを誓った。

う教えなのです。阿弥陀如来が選び取られた本願の念仏は、有念のものでもなく、無念のものでもないと言われています。たとえどのような人が説こうとも、そういった考えを決して用いてはなりません。聖道で言っていることを誤って聞き、それを浄土の教えに取り入れて言っているのでしょう。ゆめゆめ用いられませんように。

また、慶喜ということは、他力の信心を得て、必ず浄土に往生するに違いないとよろこぶ心を言います。常陸の国の念仏者たちの中で、有念だとか無念だとかと、念仏についてあれこれ論じ合っているという話が聞こえてきますが、これは間違ったことだと先に申しました。結局のところ、他力の趣は行者のはからいではないから有念でもなければ無念でもないということを誤って受け取って、逆に有念だ無念だなどと騒ぎ立てたのだと思われます。阿弥陀仏の選択本願は、行者のはからいが加わらないからこそ、ただ他力と言うのであります。一度の念仏がよいのだ、いや、多く念仏するのがよいのだなどと言い争うことは決してあってはなりません。なおまた、一声の念仏のほかに余分に称えた念仏を全世界の衆生に振り向けると言うのも、釈迦如来・弥陀如来の御恩を報じ申し上げようという心持ちで振り向けるのであれば、それは相応《ふさわ》しいことであります。けれども、だからといって、往生を願って二声三声と念仏を称える人に対して、それは間違いだと言うべきではありません。この点は『唯信鈔』を十分にご覧になってください。阿弥陀仏の本願は念仏往生の

阿弥陀如来　真宗の本尊。念仏の行者を摂取して捨てない救済仏。

御誓いであるのだから、一声の念仏も十声の念仏も往生することに間違いはないのだとお思いになるべきです。あなかしこあなかしこ。

十二月二十六日　　　　　　　　　　　　　　　　　親鸞

教忍御坊へ　お返事として

（要　義）

関東において生じていたと見られる念仏義の混乱に対し、真宗の本願念仏の立場を懇切に記した教忍への返書。

法然によって立教開宗された浄土宗の要は本願念仏往生である。しかしながら、その「念仏」をめぐっては、同じ法然門下においてでさえ、さまざまに解釈の分かれるところであった。それが一念・多念、有念・無念を始めとする異説となって、時に激しい偏執を呼び、人々を惑わしてきたのである。親鸞は、今またこれらの議論に拘泥している関東の門弟たちの状況に対し、法然が第十八願を「念仏往生の本願」と呼んだことを手掛かりに、我々の分別心で念仏を限定し、あれこれと思議していくことが誤りであることを指摘する。弥陀の救いが他力と言われるのは、そこに我々のはからいが介入しないからこそである。

なお、手紙の冒頭には、東国より親鸞の許へ届けられた懇志金と念仏勧進のための金銭に対する礼が述べられてあるが、こうした例は他の消息（本書第四・五・十一・十九通など）にも見られ、これらの志納が京都における晩年の親鸞の生活を支えていたものと考えられる。

第四通　方々よりの御こころざし

（本　文）

方々よりの御こころざしのものども、かずのままにたしかにたまわりそうろう。明教房《みょうきょうぼう》ののぼられてそうろうこと、ありがたきことにそうろう。かたがたの御こころざし、もうしつくしがたくそうろう。明法《みょうほう》御房《ごぼう》の往生のこと、おどろきもうすべきにはあらねども、かえすがえすうれしくそうろう。鹿嶋《かしま》・なめかた・奥郡《おうぐん》、かようの往生ねがわせたまうひとびとの、みなの御よろこびにてそうろう。またひらつかの入道殿の御往生のことききそうろうこそ、かえすがえすもうすにかぎりなくおぼえそうらえ。めでたさもうしつくすべくもそうらわず。おのおのみな往生は一定《いちじょう》とおぼしめすべし。さりながらも往生をねがわせたまうひとびとの御なかにも御こころえぬこともそうらいき。いまもさこそそうろうらめとおぼえそうろう。京にもこころえずしてようようにまどいおうてそうろうめり。くにぐににもおおくきこえそうろう。法然聖人の御弟子のなかにも、われはゆゆしき学生《がくしょう》などとおもいあいたるひとびとも、この世には、みなようように法文をいいかえて、身もまどい、ひとをもまどわして、わずらいおうてそうろうめり。聖教のおしえをもみずしらぬ、おのおののように

明教房　『高田正統伝』（巻五）に「富田　明教房」とあり、文永五年（一二六八）に寂したという。この明教の遺跡は福島市に伝える（『大谷遺跡録』巻三「福島康善寺」）。

明法　『親鸞門弟交名牒』の直弟中に「明法　常陸国北郡住」とあり、はじめ北郡にいたが、のち東野尾の楢山（那珂郡大宮町東野）に住し、建長三年（一二五一）十月十三日六十八歳で往生を遂げたという（『大

おわしますひとびとは、往生にさわりなしとばかりいうをききて、あしざまに御こころえあること、おおくそうらいき。いまもさこそそうろうらめとおぼえそうろう。浄土の教もしらぬ信見房《しんけんぼう》などがもうすことによりて、ひがさまにいよいよなりあわせたまいそうろうらんをききそうろうこそあさましくそうらえ。まずおのおのの、むかしは弥陀のちかいをもしらず、阿弥陀仏をもうさずおわしましそうろうし(ママ)が、釈迦・弥陀の御方便にもよおされて、いま弥陀のちかいをもききはじめておわします身にてそうろうなり。もとは無明のさけにえいふして、貪欲《とんよく》・瞋恚《しんに》・愚痴《ぐち》の三毒をのみこのみめしおうてそうろうつる(ママ)に、仏のちかいをききはじめしより、無明のえいもようようすこしずつさめ、三毒をもすこしずつこのまずして、阿弥陀仏のくすりをつねにこのみめす身となりておわしましおうてそうろうぞかし。しかるに、なおえいもさめやらぬに、かさねてえいをすすめ、毒もきえやらぬに、なお毒をすすめられそうろうらんこそ、あさましくそうらえ。煩悩具足の身なればとて、こころにまかせて、身にもすまじきことをもゆるし、くちにもいうまじきことをもゆるし、こころにもおもうまじきことをもゆるして、いかにもこころのままにてあるべしともうしおうてそうろうらんこそ、かえすがえす不便《ふびん》におぼえそうらえ。えいもさめぬさきになおさけをすすめ、毒もきえやらぬに、いよいよ毒をすすめんがごとし。くすりあり毒をこのめとそうろうらんことは、あるべくもそうらわずとぞ、おぼえ候。仏の御名をもきき念仏をもうして、ひさしくなりておわしまさんひとびとは、後世《ごせ》のあしきことをいとうしるし、この身のあしきことをばいといすてんとおぼしめすしるしもそうろうべしとこそおぼえそうらえ。はじめて仏のちかいをききはじむるひとびとの、わが身のわろくこころのわろきをおもいしりて、この身のようにてはなんぞ往生せんずるというひとにこそ、煩悩具足したる身なれば、わがこころの善悪をばさたせず、むかえたまうぞとはもうしそうらえ。かくききてのち、仏を信ぜんとおもうこ

谷遺跡録』巻三)。

鹿嶋　常陸(茨城県)鹿島郡。この地に鹿島明神があり、順信房信海を中心に鹿島門徒が形成された。

なめかた　鹿島と霞ケ浦の北浦を挟んで西側に位置する行方郡。

奥郡　常陸国那珂郡以北の地方。『吾妻鏡』に佐竹秀義の領所として常陸「奥七郡」とあり、多賀・佐都東・佐都西・久慈東・久慈西・那珂東・那珂西をいう。

ひらつかの入道　『高田正統伝』(巻五)に「平塚入道信之」とあり、『大谷遺跡録』(巻四)の「龍頭山善福寺記」に「平塚入道了源房の遺跡也(中略)建長三辛亥年三月十二日午の正中に往生の素懐を遂き、時に行年六十歳也」と載せる。

学生　仏典を修学する者。学侶。

この世　今の代。当代。

ころふかくなりぬるには、まことにこの身をもいとい、流転《るてん》せんことをもかなしみて、ふかくちかいをも信じ、阿弥陀仏をもこのみもうしなんどするひとは、もともこころのままにて悪事をもふるまいなんどせじと、おぼしめしあわせたまわばこそ、世をいとうしるしにてもそうらわめ。また往生の信心は、釈迦・弥陀の御すすめによりておこるとこそみえてそうらえば、さりとも、まことのこころおこらせたまいなんには、いかがむかしの御こころのままにては候べき。この御なかのひとびとも少々はあしきさまなることのきこえ候めり。師をそしり、善知識をかろしめ、同行《どうぎょう》をもあなずりなんどしあわせたまうよしきき候こそ、あさましく候え。すでに謗法のひとなり、五逆のひとなり、なれむつぶべからず。『浄土論』ともうすふみには、「かようのひとは仏法信ずるこころのなきより、このこころはおこるなり」と候めり。また至誠心《しじょうしん》のなかには、「かように悪をこのまんには、つつしんでとおざかれ、ちかづくべからず」とこそとかれて候え。「善知識・同行にはしたしみちかづけ」とこそときおかれて候え。悪をこのむひとにもちかづきなんどすることは、浄土にまいりてのち衆生利益にかえりてこそ、さようの罪人にもしたしみ、ちかづくことは候え。それもわがはからいにはあらず、弥陀のちかいによりて御たすけにてこそ、おもうさまのふるまいもそうらわんずれ。当時はこの身どものようにては、いかが候べかるらんとおぼえ候。よくよく案ぜさせたまうべく候。往生の金剛心のおこることは、仏の御はからいよりおこりて候えば、金剛心をとりて候わんひとは、よも師をそしり善知識をあなずりなんどすることは候わじとこそおぼえ候え。このふみをもて、かしま・なめかた・南《みなみ》の庄《しょう》、いずかたもこれにこころざしおわしまさんひとには、おなじ御こころによみきかせたまうべく候。あなかしこあなかしこ。

建長四年二月廿四日

信見房　不詳。

ひがさま　道理に背いているさま。

後世　来世。後の世。

釈迦・弥陀の御すすめ　釈迦はこの世から浄土へ往けと勧め、弥陀は浄土から来れと招く。

かようの〜おこるなり　世親の『浄土論』にこの文はなく、それを註釈した曇鸞の『浄土論註』（巻上・八番問答）の「五逆罪の正法なきより生ずる」の文によったと思われる。

かように〜べからず　善導の『観経疏』「散善義」には、「善業にあらずは、つつしみてこれを遠ざかれ」と見える。

善知識〜ちかづけ　善導の『往生礼讃』「前序」には、専修念仏に非ざる人が往生できない理由を「人我おのずから覆いて同行善知識に親近せざるがゆえに」と記

（現代語訳）

御地の方がたよりのご懇志を数通り確かにいただきました。明教房が上京されましたことはまことにありがたいことです。皆様がたのお心遣いには、どれほど感謝の言葉を申しても言い尽くし難く思っております。また、明法御房が往生したということ、今さら驚くべきことではありませんが、返す返すも嬉しく思います。鹿島・行方・奥郡など、往生を願っておられる東国の人々みなのよろこびとするところであります。また、平塚の入道殿の御往生のことも聞きましたが、本当に何を言おうと十分ではないと思われます。このすばらしさ、まったく申し上げる言葉が見つかりません。皆様がたも、それぞれ必ず往生するのだとお思いになってください。とはいうものの、かつて、往生を願われる人々の間でも、正しくみ教えをいただいていないことがありました。ただ今もそうであろうかと思われます。ここ京都においても、み教えを正しく心得ないでさまざまに惑い合っているようですし、地方の国々にもそういったことを多く聞いています。法然聖人のお弟子の中においてですら、われこそは秀れた学匠であるなどと自負していた人たちが、聖人の亡くなられたこのごろでは、みなさまざまにみ教えを言い変えてしまい、自分自身も惑い、他の人をも惑わして、お互いに迷っているようです。

また、詳しく聖教の教えに触れたことのない、ちょうどあなた方のような人たち

す。これより反顕したもの。

当時　現在。ただいま。

南の庄　南郡・南野庄といい、常陸の国府（石岡）より南部の地域。

建長四年　一二五二年。親鸞八十歳。

二月廿四日　『親鸞聖人御消息集』第一通では「八月十九日」となっており、親鸞の署名もある。

法然聖人　（一一三三～一二一二）。法然房源空。浄土宗の開祖。親鸞の師。

聖教　仏および先師の教えを

が、往生には何一つ障りとなるものはないのだとばかり説かれるのを聞いて、それを誤って理解するということも数多くありました。やはり今も同様であろうかと思われます。浄土の教えも知らない信見房などが説くことに惑わされて、ますます道を誤っていかれるように聞きますのは、なんとも嘆かわしいことです。

　そもそも、かつてあなた方は、弥陀の誓いというものも知らず、阿弥陀仏のみ名を称えるということもありませんでしたが、釈迦・弥陀の巧みなお手立てに導かれて、今ようやく弥陀の誓いを聞き始めるようになられた身であります。以前は無明という酒に酔い伏して、貪欲・瞋恚・愚痴の三毒ばかりを好んで召し上がっていましたが、阿弥陀仏の誓いを聞くようになってからは、その無明の酔いも次第に少しずつ醒め、三毒も少しずつ好まないようになって、阿弥陀仏のみ名という薬を常に好んで口にする身となられているのであります。

　ところが、まだ酔いも醒めきっていないのに重ねて酔いを勧め、毒も消えきっていないのにさらに毒を勧められているようなこと、これは実に嘆かわしいことです。煩悩を具えた身であるからといって、心の欲するままに、なすべきではないことをもし、言うべきではないことをも言い、思うべきではないことをも思って、どんなことでも心のままにあるのがよいのだと主張しているようなことは、返す返す困ったことだと思われます。このようなことは、酔いも醒めないうちからさらに酒を勧

たたえる呼称。ここでは一宗がよりどころとする典籍の意。

無明　真理に暗く、事象や道理を正しく理解できない精神状態。最も根本的な煩悩。迷いの根源。

貪欲・瞋恚・愚痴の三毒　心身を煩わせる代表的な三つの精神作用。貪欲はむさぼり飽くことを知らない、瞋恚はいきどおり、愚痴はおろかで理非のわからないこと。

煩悩　心身を煩わせ、悩ませる精神作用の総称。

め、毒も消えきっていないのにますます毒を勧めるようなものです。「薬があるから、どんどん毒を飲みなさい」と言うようなことはあるべきではないと思われます。阿弥陀仏のみ名のいわれをも聞き、念仏を申すようになって年久しい人々には、来世に悪処《あくしょ》へ生まれていくような振る舞いを遠ざけている証し、あるいは自身の悪を厭い捨てようと思っておられる証しもあることだろうと思われます。

それとは異なり、初めて阿弥陀仏の誓いを聞くようになり、自身の好ましくない振る舞いや心持ちを思い知って、このようなありさまではどうして往生することができようかと嘆く人に対してはじめて、我々凡夫は煩悩を具えた身であればこそ、阿弥陀仏は私たちの心の善悪を問題としないで浄土にお迎えくださるのだと説かれるのです。そして、このように聞いた後、仏を信じようと思う心が深くなっていけば、心からこの身をも厭い、生々世々にわたって流転し続けることをも悲しんで、深く誓いを信じ、阿弥陀仏のみ名を好んで称えるようにもなりましょう。こういった人が、心にまかせて悪事を行うことなどは決してするまいと思うようになれば、これこそがこの迷いの世界を厭う証しとも言えるのです。また、浄土往生を願う信心というものは、釈迦・弥陀のお勧めによっておこるのだと聖教に記されているのですから、それまではどういった心であったにせよ、真実の信心がおこされた以上は、どうして昔の心持ちのままであり続けることができましょうか。

流転　迷いの世界をさまよい続けること。

さて、御地の皆さんについても、いささか好ましからぬことがあるようです。師を謗り、善知識を軽んじ、同行をも侮るなどしておられるとのこと、このような話を耳にするのは、実に情けないことです。こういった人はもはや謗法の人です、五逆の人です、慣れ親しむべきではありません。『浄土論註』という書物には、「このような人は、仏法を信じる心のないところからこういった心がおこってくるのである」と書かれていますし、また『観経四帖疏』の至誠心の箇所では、「このように悪を好む人に対しては、用心して遠ざかり、近づくべきではない」と説かれています。そして、「善知識や同行には親しく近づけ」と説かれております。

悪を好む人にまで親しみ近づくなどということは、浄土へ往生した後、衆生を救うために再びこの世界に還《かえ》って来て、はじめてそのような罪人にも親しみ近づくということがあるのです。もちろんそれも、自らのはからいによるのではなく、阿弥陀仏の誓いによってたすけられればこそ、思いどおりに救済のはたらきをすることができるのです。ただいまの私たちのような身においては、どうであろうかと思われます。よくよくお考えになってください。

往生を願う金剛のように堅固な信心が我が身におこるのは、仏の御はからいによるものです。それゆえ、その金剛堅固な信心をいただいた人は、よもや師を謗り、善知識をあなどりなどすることはあるまいと思われます。この手紙を、鹿島・行

善知識　正しい教えを説き仏道に入らせ、さとりを得させる師。浄土教では特に念仏の教えを勧め導く人。

同行　法を同じくして共に実践する人。ここでは念仏の仲間。

謗法　仏や菩薩、そしてその法を否定すること。

五逆　恩に逆らい福徳に逆らう五つの大罪。三乗の五逆は①殺父②殺母③殺阿羅漢④破和合僧（僧の和合を破る）⑤出仏身血（仏身より血を出す）。大乗の五逆は①寺塔を破壊し経蔵を焼き三宝の財物を盗む②仏の法を謗り聖教を軽んじる③僧侶を罵り責め使う④小乗の五逆に同じ⑤因果を否定し十悪（殺生・偸盗・邪婬・妄語・両舌・悪口・綺語・貪欲・瞋恚・愚痴）を犯す。

方・南庄、いずれなりとも、念仏往生に心を寄せておられるような人があれば、その方々にどうか一つ心でお読み聞かせください。あなかしこあなかしこ。

建長四年二月二十四日

（要　義）

建長四年、明教房を始めとする複数の同朋が上洛し、彼らによって関東からの懇志が届けられるとともに、国許の様子が伝えられた。それを機に記されたこの手紙には、個人名としての宛て名は記されないものの、文末に「鹿島・行方・南の庄」の人々への披露を指示しており、常陸南部の同朋たちに宛てて書かれたものであることがわかる。浄土の他流の教えに惑わされぬよう注意するとともに、造悪無碍に走ること、また善知識や同行を侮ることを厳しく誡める。

造悪無碍と呼ばれる異義は、阿弥陀仏の本願を信じてさえいればどんな罪悪も往生の妨げとはならないということを観念的に偏執し、果ては、悪を犯しても慚愧《ざんき》することなく、むしろ進んで悪を行う者が仏の救いの目当てとなるのであるとして、造悪を扇動する邪義を指す。法然の浄土開宗以来、浄土教の歴史の上でさまざまな異義が生まれてきたが、中でもこの造悪無碍の邪義は、神祇や他の仏菩薩の軽視、道徳的行動からの逸脱といった反社会的な行為に結び付きやすく、常に他宗や統治者からの批判・弾圧の格好の材料を生み出す温床となっていた。善を積むことのできない悪人こそが救われるという浄土教の教えは、我が身を見つめ、悪人としか言いようのないその身を深く悲しむ者となって、初めて阿弥陀仏の救済を仰ぐことができるということをあらわすものである。悪人の身を自覚し、仏の救いをよろこぶ者は、その悪を厭う者でなければならない。

第五通　この明教坊ののぼられて

(本　文)

*この明教房《みょうきょうぼう》ののぼられてそうろうこと、まことにありがたきこととおぼえそうろう。明法御房《みょうほうごぼう》の御往生のことをまのあたりききそうろうも、うれしくそうろう。ひとびとの御こころざしも、ありがたくおぼえそうろう。かたがたこのひとびとののぼり、不可思議のことにそうろう。このふみをたれだれにもおなじこころによみきかせたまうべくそうろう。このふみは奥郡《おうぐん》におわします同朋の御なかに、みなおなじく御覧そうろうべし。あなかしこあなかしこ。

としごろ念仏して往生をねがうしるしには、もとあしかりしわがこころをもおもいかえして、とも同朋にもねんごろにこころのおわしましあわばこそ、世をいとうしるしにてもそうらわめとこそおぼえそうらえ。よくよく御こころえそうろうべし。

＊　以下三通は、本書第六・五・七通の次第で『末灯鈔』には第十九通として収録されている。

明教房　『高田正統伝』（巻五）に「富田　明教房」とあり、文永五年（一二六八）に寂したという。この明教の遺跡は福島市に伝える（『大谷遺跡録』巻三「福島康善寺」）。

明法　『親鸞門弟交名牒』の

（現代語訳）

この度、明教房が上京されましたことは、まことにありがたいことと存じます。明法御房の御往生の様子を直接にお聞きできましたことも嬉しく思います。また御地の皆様がたのお心遣いにも、たいへん感謝しております。併せて、このように人々が上京してくださるとは本当に思いがけないことでした。どうか、この手紙をどなたにも一つ心で読み聞かせいただき、奥郡におられる同朋の方がたみなで、等しくご覧になってください。あなかしこあなかしこ。

数年来、念仏を称えて往生を願ってきたことの証しは、かつての好ましからぬ自らの心を思いかえして、友人や念仏の同朋たちともまごころをもって互いに親しむようになること、これこそがこの迷いの世を厭う証しであろうと思われます。どうぞ、よくよくご理解くださいますように。

（要　義）

この通より以下三通（本書第五・六・七通）は、『末灯鈔』では第十九通に一通として編集されており、また、これら三通の内容をあわせ見ると、本書第四通とほぼ同様の内容となる。こういったことから、本来この三通は中心的な本文一通とそれに具する二つの追伸のようなものであったかと見られ、第四通が常陸南部の同朋

直弟中に「明法　常陸国北郡住」とあり、はじめ北郡にいたが、のち東野尾の楢山（那珂郡大宮町東野）に住し、建長三年（一二五一）十月十三日六十八歳で往生を遂げたという（『大谷遺跡録』巻三）。

奥郡　常陸国那珂郡以北の地方。『吾妻鏡』に佐竹秀義の領所として常陸「奥七郡」とあり、多賀・佐都東・佐都西・久慈東・久慈西・那珂東・那珂西をいう。

としごろ　数年来。

同朋　同じ念仏の法につらなる朋友。

たちに宛てて書かれたものであるのに対し、これらは奥郡、すなわち常陸北部の同朋たちに宛てて同時期に書かれたものと考えられる。

ところで、上洛した人々によって往生の様が詳しく伝えられた明法房という人物は、『親鸞聖人門弟交名牒《きょうみょうちょう》』にも記される常陸の直弟子である。『親鸞伝絵』「明法房改悔」段（下の三）が伝えるところによれば、親鸞が常陸で念仏の教えを説き弘めていたころ、仏法に敵意を持った一人の山伏が、親鸞を亡きものにしようと板《いた》敷山《じきやま》で度々待ち伏せをする。ところが、なかなかその機会を得られない。ついに親鸞の住む稲田の草庵に乗り込むが、親鸞の尊顔に出会った瞬間、その害心はたちまち消え、涙を流して前非を悔い、たちどころに帰依して念仏の人となったという。この山伏が明法房であり、この度めでたく往生を遂げたことが京洛の親鸞に詳しく報告されたのであった。

第六通　御ふみたびたびまいらせ

（本　文）

御ふみたびたびまいらせそうらいき。御覧ぜずやそうらいけん。なにごとよりも明法御《みょうほうご》房《ぼう》の往生の本意とげておわしましそうろうこそ、常陸国うちの、これにこころざしおわしま

明法　『親鸞門弟交名牒』の直弟中に「明法　常陸国北

すひとびとの御ために、めでたきことにてそうらえ。往生はともかくも凡夫のはからいにてすべきことにてもそうらわず。めでたき智者もはからうべきことにもそうらわず。大小の聖人だにも、ともかくもはからわで、ただ願力にまかせてこそおわしますことにてそうらえ。ましておのおののようにおわしますひとびとは、ただこのちかいありときき、南無阿弥陀仏にあいまいらせたまうこそ、ありがたくめでたくそうろう御果報にてはそうろうなれ。とかくはからわせたまうこと、ゆめゆめそうろうべからず。さきにくだしまいらせそうらいし『唯信鈔』・『自力他力』などのふみにて御覧そうろうべし。それこそ、この世にとりてはよきひとびとにておわします。すでに往生をもしておわしますひとびとにてそうらえば、そのふみどもにかかれてそうろうには、なにごともなにごともすぐべくもそうらわず。法然聖人の御おしえを、よくよく御こころえたるひとびとにておわしますにそうらいき。さればこそ往生もめでたくしておわしましそうらえ。おおかたは、としごろ念仏もうしあいたまうひとびとのなかにも、ひとえにわがおもうさまなることをのみもうしあわれて候ひとびともそうらいき。いまも、さぞそうろうらんとおぼえそうろう。明法房などの往生しておわしますも、もとは不可思議のひがごとをおもいなんどしたるこころをもひるがえしなどしてこそそうろ《（ママ）》うしか。われ往生すべければとて、すまじきことをもし、おもうまじきことをもおもい、いうまじきことをもいいなどすることはあるべくもそうらわず。貪欲《とんよく》煩悩にくるわされて欲もおこり、瞋恚《しんに》の煩悩にくるわされてねたむべくもなき因果をやぶるこころもおこり、愚痴《ぐち》の煩悩にまどわされておもうまじきことなどもおこるにてこそそうらえ。めでたき仏の御ちかいのあればとて、わざとすまじきことどもをもし、おもうまじきことどもをもおもいなどせんは、よくよくこの世のいとわしからず、身のわろきことをおもいしらぬにてそうらえば、念仏にこころざしもなく、仏の御ちかいにもこころざしのおわしまさぬにてそうらえば、念

郡住」とあり、はじめ北郡にいたが、のち東野尾の楢山（那珂郡大宮町東野）に住し、建長三年（一二五一）十月十三日六十八歳で往生を遂げたという（『大谷遺跡録』巻三）。

常陸国　現在の茨城県の大部分。

大小の聖人　大乗や小乗の教えを学ぶ有徳の僧。

『自力他力』　『自力他力事』（一巻）のこと。法然門下の長楽寺隆寛（一一四八～一二二七）の著で、念仏の行について自力・他力を批判した書。

よきひとびと　善知識。正しい教えを説き仏道に入らせ、さとりを得させる師。浄土教では特に念仏の教えを勧め導く人。

仏せさせたまうとも、その御こころざしにては順次《じゅんじ》の往生もかたくやそうらうべからん。よくよくこのよしをひとびとにきかせまいらせさせたまうべくそうろう。かようにももうすべくもそうらわねども、なにとなくこの辺のことを御こころにかけあわせたまうひとびとにておわしましあいてそうらえば、かくももうしそうろうなり。この余の念仏の義はようようにかわりおうてそうろうめれば、とかくもうすにおよばずそうらえども、故聖人の御おしえをよくよくうけたまわりておわしますひとびとは、いまももとのようにかわらせたまうことそうらわず。世かくれなきことなればきかせたまいおうてそうろうらん。浄土宗の義みなかわりておわしましおうてそうろうひとびとも、聖人の御弟子にてそうらえども、ようように義をもいいかえなどして、身もまどい、ひとをもまどわかしおうてそうろうめり。あさましきことにてそうろうなり。京にもおおくまどいおうてそうろうめり。いなかはさこそ候らめと、こころにくくもそうらわず。なにごともももうしつくしがたくそうろう。またまたもうしそうろうべし。

（現代語訳）

念仏の書物を何度かお送りしましたが、ご覧にはなりませんでしたか。なによりも明法御房が往生の本意を遂げましたことは、浄土往生を志している常陸在住の人々にとって、まことによろこばしいことであります。往生というのは、凡夫があれこれとはからってできるものではありません。りっぱな智者がはからい得るものでもありませんし、大乗・小乗の聖人ですら、あれやこれやとはからわないで、ただひたすら阿弥陀仏の願力にまかせて、はじめて往生することができるのです。ま

順次の往生　次の生に浄土に往き生まれること。

浄土宗の義　往生の業は念仏を以てする浄土の宗義。詳しくは浄土立宗の書『選択本願念仏集』に明かされる。

凡夫　ただの人。聖者に対する。真理に暗く、煩悩にとらわれ迷いの世界をさまよう者。

願力　阿弥陀如来の本願のはたらき。

してや貴方がたのような在家の人々は、ただこの誓いがあるということを聞き、南無阿弥陀仏のみ名に出遇われることこそが、ありがたくすばらしい御果報なのです。なにやかやとはからうことなど、決してあってはなりません。先にお送りしました『唯信鈔』や『自力他力事《じりきたりきのこと》』などの書物をよくご覧になってください。これらを書かれた方がたこそは、ただ今の世においてのすばらしい導きの人々です。すでに往生された方がたでもありますので、その書物に書かれていることに勝るものは何ひとつとしてあるはずがございません。この方がたは法然聖人のみ教えを十二分に理解された人たちでした。だからこそ、往生もめでたく遂げられたのです。

数年来念仏を称えてきた人々の中にも、かつて、ただただ自分勝手な考えばかりを言う人たちがおりました。ただ今もおそらくはそうしたことであろうかと思われます。明法房が往生しましたのも、以前はとんでもない悪事を企《たくら》んだりした心をひるがえしたからこそでありました。自分は必ず往生できるからといって、すべきではないことをもし、思うべきではないことをも思い、言うべきではないことをも言うなどということがあってよいはずがありません。貪欲の煩悩に狂わされて欲も起こり、瞋恚の煩悩に狂わされてどうしようもないめぐり合わせをねじ曲げようとする心も起こり、愚痴の煩悩に惑わされて思うべきではないことなども心に起こってくるのです。すばらしい仏の御誓いがあるからといって、ことさらに、すべきで

南無阿弥陀仏　阿弥陀仏の本願のはたらきが具体的に言葉となって現れたもの。

『唯信鈔』　一巻。法然の滅後九年（一二二一）、安居院の聖覚（一一六七～一二三五）によって著された。『選択集』に基づき、浄土の教えはただ信心を肝要とすることを述べる。

法然聖人　（一一三三～一二一二）。法然房源空。浄土宗の開祖。親鸞の師。

ないことをもし、思うべきでないことをも思いなどするのは、よくよくこの迷いの世界を厭わしく思う心がなく、この身の悪を思い知ることもないからでしょう。そうして、念仏に心を寄せることもなく、仏の御誓いに心を寄せることもないのですから、たとえ念仏を申されたとしても、そのようなお心では、次の世に浄土へ往生することなどさだめし難しいことでありましょう。以上のことを、どうかよく他の人々にもお聞かせください。このようなことは申し上げる必要もないのでしょうが、貴方がたは何事につけ、この私のことを心に懸けてくださる方がたですので、このように申し上げるのです。これ以外にも、念仏の教義はさまざまに変わってしまっているようですので、あれこれ申し上げるには及びませんが、亡き法然聖人のみ教えを正しく承っておられる方々は、今もなお聖人ご在世のときと同様で、何一つ異なったことを言ってはおられません。これは世間に広く知れわたっていることですので、お聞きになっておられることでしょう。法然聖人の浄土の教えとはすっかり異なってしまわれた人々も、もとは聖人のお弟子でありましたが、さまざまに教えを言い変えなどしてしまって、自身も惑い、また人をも惑わしているようです。実に嘆かわしいことです。こちら京都でも多くのものが迷いあっているようですが、ましてや地方ではなおさらのことであろうと、もはや驚きもいたしません。何もかも言い尽くすことはできません。またの機会に申し上げることとしましょう。

（要　義）

浄土の他流の教えに惑わされぬよう繰り返し注意を促し、一方、明法房の往生を手掛かりに、造悪無碍に走ることを厳しく誡める。

浄土教の祖師・法然が世を去って四十年余り、その流れを汲む者は数多く存在したが、さまざまに異なった教えが説かれるようになっていた。関東の同朋たちも、それらに惑わされて他力念仏の救いをあれこれと取り沙汰していたようである。それに対し親鸞は、聖覚《せいかく》（一一六七～一二三五）や隆寛《りゅうかん》（一一四八～一二二七）の書物を度々書き写して送り、それらを他力念仏の依りどころとすべきであると説く。二人は、法然門下として師の教えを正しく理解した法兄であり、めでたく往生を遂げた先達であった。

また、造悪無碍の邪義に惑わされていた者たちに対しては、この度、往生を遂げた明法房の生きざまは、より具体的な教えの手掛かりとなる。往生は弥陀の誓願によるものであり、その救いは造悪疑謗の徒をも選び捨てることはない。しかし、だからといって、慚愧《ざんき》もなく故意に悪を造るということがあってはならない。かつては親鸞を亡きものにしようとまで企んだ明法房が往生を遂げたのは、自らの非を深く懺悔し、心をひるがえしたからこそであった。阿弥陀仏の救いとは、悪を容認して往生するものではなく、悪を自覚して往生を遂げるものである。明法房の往生はその好個の証しとなろう。

第七通　善知識をおろかにおもい

（本　文）

善知識をおろかにおもい、師をそしるものをば謗法のものともうすなり。親をそしるものをば五逆のものともうすなり。同座せざれとそうろうなり。されば北の郡にさぶろう（ママ）し善《ぜん》乗房《じょうぼう》は親をのり、善信《ぜんしん》をようようにそしりそうらいしかば、ちかづきむつまじくおもいそうらわで、ちかづけずそうらいき。明法御房《みょうほうごぼう》の往生のことをききながら、あとをおろかにせんひとびとはその同朋にあらずそうろうべし。無明の酒にえいたるひとにいよいよえいをすすめ、三毒をひさしくこのみくらうひとにいよいよ毒をゆるしてこのめともうしおうてそうろうらん、不便《ふびん》のことにそうろう。無明の酒にえいたることをかなしみ、三毒をこのみくうて、いまだ毒もうせはてず、無明のえいもいまださめやらぬにおわしましおうてそうろうぞかし。よくよく御こころえそうろうべし。

（現代語訳）

善知識を軽んじ、師を謗るものを謗法のものと言います。また、親を謗るものを五逆のものと言います。このような人々とは関わるべきではないと言われています。かつて北の郡にいた善乗房は、親の悪口を言い、また私、善信をさまざまに謗りま

北の郡　常陸の国府（石岡）より北部の地域。

善乗房　『親鸞聖人御消息集』第四通には「善証坊」とあるが、不詳。

善信　師法然が授けた親鸞の名。のち房号とした。

明法　『親鸞門弟交名牒』の直弟中に「明法　常陸国北郡住」とあり、はじめ北郡にいたが、のち東野尾の楢山（那珂郡大宮町東野）に住し、建長三年（一二五一）十月十三日六十八歳で往生を遂げたという（『大谷遺跡録』巻三）。

善知識　正しい教えを説き仏

したので、慣れ親しもうとも思わず、近寄せないでいましたが、それはこういう理由があってのことです。明法御房の往生のことを聞きながら、この先達の跡をおろそかにするような人々は、同じ念仏の仲間ではないのでしょう。無明の酒に酔っている人に、さらに酔いを勧め、貪欲・瞋恚・愚痴の三毒を久しく好んで口にしてきた人に、毒を飲むことを認めて、もっと飲みなさいと言っているようなことは、実にいたわしいことです。無明の酒に酔っていることを悲しむのが本当なのに、三毒を好み食らい、いまだ毒が消え果てることもなく、また依然として無明の酔いが醒めきることもないままでいるのです。よくよくお心得になってください。

（要　義）

師を謗る者、親を謗る者、悪を容認する者たちへの警鐘を鳴らし続ける手紙。

書中、在関当時の自らの行動にも言及しながら、謗法・五逆の罪を犯す者とは関わるべきではないと説かれる。本書第四通にも、同様に、悪を好む者には近づくなと説かれるが、そのような者に近づき、自在に救うことができるのは、浄土に往生を遂げ再びこの世に還《かえ》ってきた者のみであるからだと述べる。浄土往生を願い聞法を重ねながらも、信心に迷うている者たちが、謗法・五逆の罪を犯す者に関わるならば、彼らを救うどころか、かえって共に迷い続けることとなろう。異義に揺らぐ同朋たちを心配する、極めて実際的な教示である。

道に入らせ、さとりを得させる師。浄土教では特に念仏の教えを勧め導く人。

無明　真理に暗く、事象や道理を正しく理解できない精神状態。最も根本的な煩悩。迷いの根源。

三毒　心身を煩わせる代表的な三つの精神作用。貪欲はむさぼり飽くことを知らない、瞋恚はいきどおり、愚痴はおろかで理非のわからないこと。

第八通　なによりも聖教のおしえ

（本　文）

なによりも聖教のおしえをもしらず、また浄土宗のまことのそこをもしらずして、不可思議の放逸無慚《むざん》のものどものなかに、悪はおもうさまにふるまうべしとおおせられそうろうなるこそ、かえすがえすあるべくもそうらわず。北の郡にありし善乗房《ぜんじょうぼう》といいしものに、ついにあいむつるることなくてやみにしをばみざりけるにや。凡夫なればとて、なにごともおもうさまならば、ぬすみをもし、ひとをもころしなんどすべきかは。もとぬすみごころあらんひとも、極楽をねがい念仏をもうすほどのことになりなば、もとひごうたるこころをもおもいなおしてこそあるべきに、そのしるしもなからんひとびとに、悪くるしからずということ、ゆめゆめあるべからずそうろう。煩悩にくるわされて、おもわざるほかにすまじきことをもふるまい、いうまじきことをもいい、おもうまじきことをもおもうにてこそあれ。さわらぬことなればとて、ひとのためにもはらぐろく、すまじきことをもし、いうまじきことをもいわば、煩悩にくるわされたる儀にはあらで、わざとすまじきことをもせば、かえすがえすあるまじきことなり。鹿嶋・なめかたのひとびとのあしからんことをばいいとどめ、その辺のひとびとの、ことにひごうたることをば制したまわばこそ、この辺よりいできたるしるしにてはそうらわめ。ふるまいはなにともこころにまかせよといいつるとそうろうらん、あさましきことにそうろう。この世のわろきをもすて、あさましきことをもせざらんこそ、世をいとい念仏もうすことにてはそうらえ。としごろ念仏するひとなんどの、ひとのためにあしきことをもし、またいいもせば、世をいとうしるしもなし。されば善導の御おしえには、

浄土宗　往生浄土を目指す仏道。

放逸無慚　放逸とはわがままなこと。無慚とは罪を犯しながら自ら心に恥じないこと。

北の郡　常陸の国府（石岡）より北部の地域。

善乗房　『親鸞聖人御消息集』第五通には「善証坊」とあるが、不詳。

ひごうたる　間違っている。

鹿嶋　常陸（茨城県）鹿島郡。この地に鹿島明神があり、順信房信海を中心に鹿島門徒が形成された。

なめかた　鹿島と霞ヶ浦の北浦を挟んで西側に位置する行方郡。

「悪をこのむひとをばつつしんでとおざかれ」とこそ、至誠心《しじょうしん》のなかにはおしえおかせおわしましてそうらえ。いつかわがこころのわろきにまかせてふるまえとはそうろう。おおかた経釈をもしらず、如来の御ことをもしらぬ身に、ゆめゆめその沙汰あるべくも候わず。あなかしこあなかしこ。

十一月廿四日　　親鸞

（現代語訳）

聖教の教えも知らず、また浄土の教えの真髄も知らないで、思い及ばぬほど放逸で慚《はじ》を知らないものたちに対して、悪事は思いのままに振る舞うのがよいと説かれておられるそうですが、このようなことこそ、くれぐれもあってはならないことです。かつて北の郡にいた善乗房というものに、私がついに最後まで親しくすることがなかったのを知らなかったのですか。凡夫だからといって、どんなことでも思いのままにしてよいのであれば、盗みをし、人を殺すなどしても構わないのでしょうか。以前には盗みをはたらこうと思う心を持っていたような人でも、極楽往生を願い、念仏を申すほどの身になったならば、かつての間違った心をも思い直してこそでしょうに、往生を願うしるしもないような人たちに、悪をはたらいても構わないなどと説くことは、ゆめゆめあってはなりません。そうしようと思わないにもかかわらず、煩悩に狂わされて、してはならない振る舞いをもし、言ってはならないこ

悪をこのむ〜とおざかれ　善導の『観経疏』「散善義」には、「善業にあらずは、つつしみてこれを遠ざかれ」と見える。

経釈　経典とその註釈書。

極楽　楽しみ極まりない阿弥陀仏の国土。

とをも言い、思ってはならないことをも思うのが凡夫であります。ところが、往生の障りにはならないからといって、他の人に対して意地悪くたくらんで、すべきでないことをもし、言うべきでないことをも言うならば、それは煩悩に狂わされたということではありません。本願にほこって、ことさらにすべきではないことをもするなら、やはりそれは決してあってはならないことなのです。

鹿島・行方の辺りに住む人々の好ましくないことをもやめさせ、またそこの人々の特に間違った考えなどもとどめられてこそ、この私とともにみ教えを尋ねたものとしての証しでありましょう。我が身の振る舞いは、どんなことでも思いにまかせよと説いたとかいうようなことは、実に嘆かわしいことです。この世の悪事を捨て、浅はかなまねをしないようなことこそが、この迷いの世を厭うて念仏を申すということなのです。たとえ多年に亙って念仏を申してきた人であっても、他の人に対してよくないことをし、また言いもするならば、この世を厭う証しもないというものです。

こういうわけで、善導大師のみ教えには、「悪を好む人からは心して遠ざかるようにせよ」と『観経四帖疏』の至誠心の箇所に説いてくださっているのです。いったいいつ、私が自身の悪い心のままに悪事を行えと言ったというのでしょう。経典や註釈をまったく知らず、如来のお言葉もいっこうに知らないものに対しては、悪

善導　（六一三～六八一）。七高僧の第五祖。中国唐代の浄土教の祖師。

如来　真実より現れた者。ここでは阿弥陀仏のこと。

は妨げにならないなどと決して濫《みだ》りに説いてはなりません。あなかしこあなかしこ。

十一月二十四日　　　　親鸞

（要　義）

造悪無碍の邪義が蔓延する関東の状況を痛み、指導的立場にあると見られる人物に対して、無思慮な教化を厳しく叱責する手紙。

臨終の一念に至るまで凡夫でしかない我々は、時として煩悩に狂わされて悪事を犯すこともあるに違いない。しかし、念仏に帰した者は、その罪悪を厭い悲しむ者である。だからこそ、罪悪の身そのままに救い取ろうという阿弥陀仏の慈悲をよろこぶことができる。ところが、悪は往生の妨げにならないという教えを聞いて、あたかも念仏を免罪符の如くに振りかざして、自ら好んで悪事をなすならば、そこには何らの悲しみもなく、ただ煩悩を増長させることとなるばかりである。これらの違いを峻別して法を説かなければ、悪人往生はとんでもない邪義へと陥っていく。

親鸞が『尊号真像銘文』に弥陀の第十八願文の「唯除五逆誹謗正法」について、「このふたつの罪のおもきことをしめして、十方一切の衆生みなもれず往生すべしとしらせんとなり」と記すように、まさしく罪の自覚のないところには、罪からの解放もなく、救いもないのである。

第九通　まずよろずの仏・菩薩を

（本　文）

まずよろずの仏・菩薩をかろしめまいらせ、よろずの神祇・冥道《みょうどう》をあなずりすてたてまつるともうすこと、この事ゆめゆめなきことなり。世々生々に無量無辺の諸仏・菩薩の利益によりて、よろずの善を修行せしかども、自力にては生死をいでずありしゆえに、曠劫《こうごう》多生のあいだ、諸仏・菩薩の御すすめによりて、いまもうあいがたき弥陀の御ちかいにあいまいらせてそうろう御恩をしらずして、よろずの仏・菩薩をあだにもうさんは、ふかき御恩をしらずそうろうべし。仏法をふかく信ずるひとをば、天地におわしますよろずの神は、かげのかたちにそえるがごとくしてまもらせたまうことにてそうらえば、念仏を信じたる身にて、天地の神をすてもうさんとおもうこと、ゆめゆめなきことなり。神祇等だにもすてられたまわず、いかにいわんや、よろずの仏・菩薩をあだにももうし、おろかにおもいまいらせそうろうべしや。よろずの仏をおろかにもうさば、念仏を信ぜず弥陀の御名をとなえぬ身にてこそそうらわんずれ。詮ずるところは、そらごとをもうし、ひがごとにふれて、念仏の人々におおせられつけて、念仏をとどめんと、ところの領家《りょうけ》・地頭《じとう》・名主《みょうしゅ》の御はからいどものそうろうらんこと、よくよくようあるべきことなり。そのゆえは、釈迦如来のみことには、念仏する人をそしるものをば、「名無眼人」ととき、「名無耳人」とおおせおかれたることにそうろう。善導和尚《かしょう》は「五濁増時多疑謗、道俗相嫌不用聞、見有修行起瞋毒、方便破壊競生怨」とたしかに釈しおかせたまいたり。この世のならいにて念仏をさまたげん人は、そのと

神祇　天の神と地の神。
冥道　地獄に住む神々。
曠劫　きわめて長い時間。

ふるき人　昔の高徳の僧。ここでは故法然上人を指す。

浄土宗　往生浄土を目指す仏道。

ころの領家・地頭・名主のようあることにてこそそうらわめ。とかくもうすべきにあらず。念仏せんひとびとは、かのさまたげをなさんひとをばあわれみをなし、不便《ふびん》におもうて、念仏をもねんごろにもうして、さまたげなさんを、たすけさせたまうべしとこそ、ふるき人はもうされそうらいしか。よくよく御たずねあるべきことなり。つぎに念仏せさせたまうひとびとのこと、弥陀の御ちかいは煩悩具足の人のためなりと信ぜられ候は、めでたきようなり。ただしわるきもののためなりとて、ことさらにひがごとをこころにも思い、身にも口にももうすべしとは、浄土宗にもうすことならねば、人々にもかたること候わず。おおかた、煩悩具足の身にて、こころをもとどのえがたくそうらいながら、往生をうたがわずせんとおぼしめすべしとこそ、師も善知識ももうすことにてそうろうに、かかるわるき身なれば、ひがごとをことさらにこのみて、念仏のひとびとのさわりとなり、師のためにも善知識のためにも、とがとなさせたまうべしともうすことは、ゆめゆめなきことなり。弥陀の御ちかいにもうあいがたくしてあいまいらせて、仏恩を報じまいらせんとこそおぼしめすべきに、念仏をとどめらるることに沙汰しなされてそうろうらんこそ、かえすがえすこころえずそうろう。あさましきことにそうろう。ひとびとのひがさまに御こころえどものそうろうゆえに、あるべくもなきことどもきこえそうろう。もうすばかりなくそうろう。ただし念仏の人、ひがごとをもうしそうらわば、その身ひとりこそ地獄にもおち、天魔ともなりそうらわめ、よろずの念仏者のとがになるべしとはおぼえずそうろう。よくよく御はからいどもそうろうべし。なおなお念仏せさせたまうひとびと、よくよくこの文を御覧じとかせたまうべし。あなかしこあなかしこ。

九月二日　親鸞

念仏の人々の御中へ

（現代語訳）

まずはじめに、数多《あまた》の仏・菩薩を軽んじ、数多の天地の神々や冥界《めいかい》の神々を侮り捨てるということ、このようなことは念仏の教えには少しもないことです。私たち凡夫は、生々世々に亙って、数限りない仏や菩薩の恵みを受けて、ありとあらゆる善行を修してきました。けれどもついに自らの力では生死の迷いを抜け出すことができず、だからこそ、この果てしない過去からの生死の繰り返しは、諸仏・菩薩のはるかなお勧めの場となり、それによって、ようやく今、遇い難い弥陀の御誓いにお遇いすることとなったのです。そのことを顧みず、数多の仏・菩薩を無用のごとく言うことは、仏・菩薩の深い御恩をまったく知らないというものでしょう。また、仏法を深く信ずる人を、天地にましますく多くの神々は、影が物に寄り添うごとくに見守ってくださることですから、念仏を信じているものが天地の神々を捨ててしまおうと思うことなど、決してありません。神々でさえ捨てられないのです。ましてや、あらゆる仏・菩薩を無用であると言い、おろそかに思うようなことがありましょうか。数多の仏をゆるがせにするのならば、それはもはや念仏を信ぜず、弥陀のみ名を称えない身でありましょう。結局のところ、虚言がはびこり、不都合な事が起こると、何かにつけて念仏を称える人々のしわざにして念仏を停《とど》めようと、その土地の領家・地頭・名主などが企てているようなことでしょうが、これも実はまた、

仏　真理に目覚めた者。さとった者。

菩薩　衆生を救済するためにさとりを目指している者。

生死　迷いのこと。

領家・地頭・名主　領家は荘園の領主、地頭は荘園管理の武士、名主は名田（開墾田）の所有者または名儀人。

よくよくいわれがあってのことなのです。というのも、釈迦如来のお言葉には、念仏する人を謗るもののことを、「名無眼人（仏法を見ようとしない人と名づける）」・「名無耳人（仏法を聞こうとしない人と名づける）」とすでに言われていることでありますし、善導大師も、「五濁増時多疑謗、道俗相嫌不用聞、見有修行起瞋毒、方便破壊競生怨（汚れの増した時代には、多くのものが仏法を疑い謗る。出家のものも在家のものも憎み合い、互いに聞く耳をもたない。正しく修行している人を見ると、瞋《いか》りの毒をもたげ、手立てを尽くして邪魔をし、競うがごとくに怨《うら》み合う）」と、確かに釈されているからであります。この世のならいにひかれて、念仏を妨げようとする人はその土地の領家・地頭・名主などでしょうが、彼らもまたいわれがあってのことなのですから、ことさらにあれこれ嘆くことでもありません。「念仏を申す人々は、その妨げをなす人たちを哀れみふびんに思って、念仏をていねいに称えて、妨げをなす人をおたすけになるのがよい」とまで古徳・法然聖人は言われました。よくよく耳を傾けるべき言葉です。

次に、念仏を称えておられる人々についてのことですが、弥陀のお誓いは煩悩を具えた凡夫のために立てられたのだと信じておられることは結構なことです。ただし、悪事を犯すもののためであるからといって、ことさらに間違ったことを心にも思い、身にも行い、口にも言うのがよいなどというのは、浄土の教えに説くことで

名無眼人・名無耳人　仏法を見聞きしようとしない人を言う。『教行証文類』「行巻」に引かれる『目連所問経』には「我（釈尊）この人を説きて眼なき人と名づく、耳なき人と名づく」とある。

善導　（六一三〜六八一）。七高僧の第五祖。中国唐代の浄土教の祖師。

五濁増時〜競生怨　善導の『法事讃』（巻下）に「五濁増の時は多く疑謗し、道俗あい嫌いて聞くことを用いず。修行することあるを見ては瞋毒を起し、方便破壊して競いて怨を生ず」とある。

はありません。ですから、私がそのようなことを人々に語ったこともありません。総じて、我々凡夫は煩悩を具えた身であって、心を整えることなど出来ないけれども、それでも疑いなく往生するに違いないと思われるのがよい、と師も善知識も説くことであります。それなのに、このような悪の身であるのだから、過ちをことさら好んで、結果、念仏の人々の妨げとなり、師に対しても善知識に対しても非難の及ぶようなことをするのがよいと説くようなこと、このようなことは決してないことです。弥陀のお誓いに遇いがたくして遇わせていただき、仏の御恩に報い申し上げようとこそお思いになるべきであるのに、かえって念仏が停められるようなことに手を貸しているとは、返す返すも納得できません。嘆かわしいことです。このような人々の間違った理解などのために、あるはずのないことがいろいろ聞こえてきます。なんとも言いようがありません。ただし、念仏の人が誤ったことを言ったならば、その人ひとりが地獄にも堕ち、天魔ともなりましょうが、他の一切の念仏者の罪になるだろうとは思われません。よくよくお考えになってください。なおまた、念仏申される方がたは、十分にこの手紙をご覧の上、人々にも説かれますように。あなかしこあなかしこ。

九月二日　　　　　　　　　　　　　　　　　　　　　親鸞

念仏の人々へ

地獄　迷いの世界である六道の一。自分の行った罪業の報いとして受ける極苦の環境。

天魔　欲界の第六天・他化自在天（欲望の世界の最上）に住み、仏道の妨げをなす魔。

〔要　義〕

造悪無碍について厳しく誡めるとともに、阿弥陀仏以外の仏・菩薩や天神地祇に対する専修念仏者の行き過ぎた行動をたしなめ、浄土真宗においては、他の仏・菩薩や神々はどのような意味を持つのかを示す。

我々は自らの力を頼みに善行を修してさとりを求めようとする。しかし、その中で明らかになってくるのは、自力の修行に破れていく自己のすがたであり、そのような自力に絶望したところに初めて仰がれるのが、阿弥陀仏の他力の救いである。諸仏・菩薩がさまざまに自力の修行を説くのは、まさしく我々に自力の無功なることを気づかせ、阿弥陀仏の誓願に出遇わせるためであった。こうして、我々を誓願へと導いた諸仏・菩薩の訓育の恩を思うならば、それらをゆるがせにすることなど到底できないはずである。さらにはまた、数多くの天神地祇は念仏者を見守ってくれる存在なのである。本通において、阿弥陀仏以外の仏・菩薩や天神地祇の役割を、親鸞はこのように説く。もちろん、専修念仏者は他の仏・菩薩や神々に決して帰依してはならないが、それはそのままそれらを破壊攻撃せよということを意味するものではない。

なおこの頃、すでに本地垂迹説（仏教の仏・菩薩が日本の地では天神地祇の姿となって現れていると考える説）が仏教各宗で広く認められるようになっているが、親鸞の著作にその説は採用されていない。浄土真宗において本地垂迹説への言及が見られるのは、親鸞の曾孫・覚如《かくにょ》（一二七〇～一三五一）、玄孫・存覚《ぞんかく》（一二九〇～一三七三）の時代に入ってである。

第一〇通　ふみかきてまいらせそうろう

（本　文）

ふみかきてまいらせそうろう。このふみを、ひとびとにもよみてきかせたまうべし。遠《とお》江《うみ》の尼御前《あまごぜん》の御こころにいれて沙汰そうろうらん、かえすがえすめでたくあわれにおぼえそうろう。よくよく京よりよろこびもうすよしをもうしたまうべし。信願坊《しんがんぼう》がもうすよう、かえすがえす不便《ふびん》のことなり。わるき身なればとて、ことさらにひがごとをこのみて、師のため善知識のために、あしきことを沙汰し、念仏のひとびとのために、とがとなるべきことをしらずば、仏恩をしらず。よくよくはからいたまうべし。また、ものにくるうて死せんひとびとのことをもちて、信願坊がことを、よし、あしともうすべきにはあらず。念仏するひとの死にようも、身より病をする人は往生のようをもうすべからず。こころより病をする人は天魔ともなり、地獄にもおつることにてそうろうべし。こころよりおこる病と身よりおこる病とは、かわるべければ、こころよりおこりて死ぬる人のことをよくよく御はからいそうろうべし。信願坊がもうすようは、凡夫のならいなればわるきこそ本なればとて、おもうまじきことをこのみ、身にもすまじきことをし、口にもいうまじきことをもうすべきようにもう

遠江の尼御前　不詳。

信願坊　『親鸞門弟交名牒』の直弟中に「信願　下野那須住」とある。後に親鸞遺跡の二十四輩を巡拝してまとめた了貞の『二十四輩巡拝図会』第十三番・信願に、「法臈七十八歳にして文永五年戊辰三月十五日大往生を遂げられけり」と記す。

されそうろうこそ、信願坊がもうしようとはこころえずそうろう。往生にさわりなければとて、ひがごとをこのむべしとはもうしたることそうらわず。かえすがえすこころえずおぼえそうろう。詮ずるところ、ひがごともうさん人は、その身ひとりこそ、ともかくもなりそうらわめ、すべてよろずの念仏者のさまたげとなるべしとはおぼえずそうろう。また念仏をとどめん人は、その人ばかりこそいかにもなりそうらわめ、よろずの念仏する人のとがとなるべしとはおぼえずそうろう。「五濁増時多疑謗、道俗相嫌不用聞、見有修行起瞋毒、方便破壊競生怨」とまのあたり善導の御おしえそうろうぞかし。釈迦如来は「名無眼人、名無耳人」ととかせたまいてそうろうぞかし。かようなるひとにて、念仏をもとどめ、念仏者をもにくみなんどすることにてもそうろうらん。それはかの人をにくまずして、念仏を人々もうしてたすけんと、おもいあわせたまえとこそおぼえそうらえ。あなかしこあなかしこ。

九月二日　親鸞

慈信坊《じしんぼう》の御返事

（追伸）

入信坊《にゅうしんぼう》・真浄坊《しんじょうぼう》・法信坊《ほうしんぼう》にもこのふみをよみきかせたまうべし。かえすがえす不便の事にそうろう。性信坊《しょうしんぼう》には春のぼりてそうらいしに、よくよくもうしてそうろう。くげどのにも、よくよくよろこびもうしたまうべし。このひとびとのひがごとをもうしおうてそうらえばとて、道理をばうしなわれそうらわじとこそおぼえそうらえ。世間のことにも、さることのそうろうぞかし。領家《りょうけ》・地頭《じとう》・名主《みょうしゅ》のひがごとすればとて、百姓をまどわすことはそうらわぬぞかし。仏法をばやぶるひとなし。仏法者のやぶるにたとえたるには、「師子《しし》の身中のむしのししむらをくらうがごとし」とそうらえば、念仏者をば仏法者のやぶりさまたげそうろうなり。よくよくこころえたまうべし。なおなお御ふみにはもうしつくすべくもそう

慈信坊　慈信房善鸞。親鸞の息男。はじめ宮内卿と号し、長く親鸞の膝下にあった。父に代わり東国へ下ったが、かえって異義に傾き教団を乱したため、ついに親鸞より父子の義絶をうけた。

入信坊　『親鸞門弟交名牒』の直弟中に「入信　同（常陸）住」とあり、『高田正統伝』（巻五）には「穴沢入信房」と載せる。穴沢は現在の東茨城郡桂村阿野沢。

真浄坊　『高田正統伝』（巻

らわず。

（現代語訳）

お手紙をお送りいたします。この手紙を他の方がたにも読んでお聞かせください。

遠江の尼御前が熱心にお取りはからいくださっているようで、本当に喜ばしく、ありがたいことだと思っています。どうかくれぐれも、京都の私の方より喜びを申している旨、お伝えください。

さて、信願坊が申していることは、返す返すも困ったことです。悪を犯す身であるからといって、ことさらに過ちを好んで、師にとっても善知識にとっても好ましくないことを行い、それが念仏申す人たちのために必ずや罪となるであろうことをわきまえないのは、仏の御恩を知らないというものです。よくよくお考えになってください。

また、苦しみに狂乱して死んだ人々のことを取り上げて、信願坊のことを、よいとか悪いとか言うべきではありません。念仏する人の死にざまというのも、煩悩の身から病を起こして死んだ人については、その往生のさまをあれこれ言うべきではないのです。心より病を起こした人は天魔ともなり、地獄にも堕ちることでありましょう。心より起こる病と身より起こる病とは当然違いがありますから、心より起こる病によって死ぬ人のことを、よくお考えになるべきなのです。

五）に「鹿島　真浄坊」とある。

法信坊　不詳。

性信坊　『親鸞門弟交名牒』に「性信　下総国飯沼」とある。横曽根門徒を形成し、のち坂東報恩寺を開く。寺伝によれば、俗名は大中臣与四郎と称し、建治元年（一二七五）八十九歳で示寂。親鸞自筆の『教行証文類』は貴重な草稿本として同寺に伝えられてきた。

くげどの　『高田正統伝』（巻五）に「久下入道貞家」とある。高田入道国時や平塚入道信之などと同じく武家領主。

百姓　一般の人々。万民。

師子の～がごとし　『梵網経』巻下に「如師子身中虫自食師子肉、非外道天魔能破」とある。

信願坊の主張として、凡夫のならいからすれば悪こそが我々の本来のすがたなのだからということで、思うべきではないことを好んで思い、身にもすべきではないことをし、口にも言うべきではないことを言うのがよいと申されたということですが、とても信願坊が言ったことだとは思われません。往生の障りとはならないからといって、間違ったことを好んでせよなどと言った覚えはありません。どう考えても納得できぬ思いがします。

けれども結局、間違ったことを言うような人は、その当人こそはどのような報いをも受けることとなりましょうが、他のすべての念仏者の妨げになるだろうとは思われないのです。

また、念仏を停《とど》めるような人は、その人ばかりはどんな報いをも受ける結果となりましょうが、他のすべての念仏する人たちの罪となるだろうとは思われません。「五濁増時多疑謗、道俗相嫌不用聞、見有修行起瞋毒、方便破壊競生怨（汚れの増した時代には、多くのものが仏法を疑い謗る。出家のものも在家のものも憎み合い、互いに聞く耳をもたない。正しく修行している人を見ると、瞋《いか》りの毒をもたげ、手立てを尽くして邪魔をし、競うがごとくに怨《うら》み合う）」と、明確な善導大師のみ教えがありますし、また、釈迦如来は、仏法を謗るものの存在を、「名無眼人、名無耳人（仏法を見ようとしない人と名づけ、仏法を聞こうとしない人と名づける）」

五濁増時〜競生怨　善導の『法事讃』（巻下）に「五濁増の時は多く疑謗し、道俗あい嫌いて聞くことを用いず。修行することあるを見ては瞋毒を起し、方便破壊して競いて怨を生ず」とある。

名無眼人、名無耳人　仏法を見聞きしようとしない人をとお説きくださっています。つまりは、これらのお言葉に説かれているような人が、念仏を停め、念仏者を憎みなどすることなのでしょう。しかしこれらの教説の真意は、そういった人たちを憎まないで、みなで念仏を称えてその人たちをたすけようと思われよ、ということであると窺われます。あなかしこあなかしこ。

九月二日　　親鸞

慈信坊へ　お返事として

（追伸）

入信坊・真浄坊・法信坊にも、この手紙をお読み聞かせください。返す返すも困ったことです。性信坊には、この春の上京の折によくお話ししました。また、久下《くげ》殿《どの》にも私が喜んでいる旨、十分にお伝えください。この人々が間違ったことを言っているとはいっても、よもや道理までは失っておられまいと思われます。また、世の中のことについても、そういったことは当然あるでしょう。けれども、領家・地頭・名主が間違ったことをするからといって、世の人々を惑わすことはないでしょうし、仏法を破壊する人もいないのです。仏法者こそが仏法を破壊することを譬えた言葉に、「獅子の体に巣くう虫が、獅子の肉を食らうようなものである」とあるのですから、仏法者が念仏の人を害し妨げるのです。よくよくお心得になってください。まだまだ、お手紙では十分に申し尽くすこともできません。

言う。『教行証文類』「行巻」に引かれる『目連所問経』には「我（釈尊）この人を説きて眼なき人と名づく、耳なき人と名づく」とある。

（要　義）

信願坊が主唱するという造悪無碍の異義や、在地の権力者による念仏者への弾圧が詳しく報告され、それに対してしたためられた慈信坊への返書。前通と共通する内容が多く、また、同じ九月二日付（年はともに書かれていない）でもあることから、東国への幸便を得て同時に託されたものと見られる。

造悪無碍の邪義に惑わされた者たちの行き過ぎた行動などが発端となったものであろうか、関東では在地の権力者などによる念仏弾圧が勃発していた。この時点での弾圧がどの程度のものであったかはわからないが、前通及びこの手紙による限り、そういった状況に対し、親鸞は『目連所問経《もくれんしょもんぎょう》』や善導の『法事讃』の言葉を引用し、真実の法に対しては必ずそれを妨げようとする動きが出てくることを説き、弾圧をことさらに嘆くことなく対処するよう促している。

もちろん、親鸞は権力に対する妥協や追従を図ったわけではない。追伸において引用される『梵網経《ぼんもうきょう》』の言葉が端的に示すように、政治的な外圧などによっては、真実の仏法は決して滅ぼされないのである。そのことを親鸞は師・法然の、そして自らの生涯の上において確かめてきたのであった。本当に恐れなければならないものは内部にある。本願念仏の名のもとに横行する異義を厳しく批正する言葉が響く。

第二通　九月廿七日の御ふみ

（本　文）

九月廿七日の御ふみ、くわしくみそうらいぬ。さては御こころざしの銭伍貫文《ごかんもん》、十一月九日にたまわりてそうろう。さてはいなかのひとびと、みな年来念仏せしはいたずらごとにてありけりとて、かたがたひとびとようようにもうすなることこそ、かえすがえす不便《ふびん》のことにこそきこえそうらえ。ようようのふみどもをかきもてるを、いかにみなしてそうろうやらん、かえすがえすおぼつかなくそうろう。慈信坊《じしんぼう》のくだりて、わがききたる法文こそまことにてはあれ、ひごろの念仏は、みないたずらごとなりとそうらえばとて、おおぶの中太郎《ちゅうたろう》のかたの人は九十なん人とかや、みな慈信坊のかたへとて中太郎入道をすてたるとかや、ききそうろう。いかなるようにてさようにはそうろうぞ。詮ずるところ信心のさだまらざりけるとききそうろう。いかようなることにて、さほどにおおくのひとびとのたじろぎそうろうらん。不便のようとききそうろう。また、かようのきこえなんどそうらえば、そらごともおおくそうろうべし。また親鸞も偏頗《へんぱ》あるものとききそうらえば、ちからをつくして『唯信鈔』・『後世《ごせ》物語』・『自力他力の文』のこころども、二河《にが》の譬喩《ひゆ》なんどかきて、かたがたへひとびとにくだしてそうろうも、みなそらごとになりてそうろうときこえそうろうは、いかようにすすめられたるやらん。不可思議のこととききそうろうこそ、不便にそうらえ。よくよくきかせたまうべし。あなかしこあなかしこ。

十一月九日　　親鸞

慈信坊　慈信房善鸞。親鸞の息男。はじめ宮内卿と号し、長く親鸞の膝下にあった。

おおぶの中太郎　『親鸞伝絵』巻下の第五段には「常陸国那珂郡大部郷に、平太郎なにがしという庶民あり。聖人の御訓を信じて、専ら弐なかりき」と「平太郎」とあるが、これは「中太郎」のことと思われる。常陸那珂郡大部郷（現・水戸市飯富）の住。『大谷遺跡録』（巻二）に「弘長元年六月十五日六十五歳ニシテ卒ス」と載せる。

偏頗　不公平。えこひいき。

『後世物語』　『後世物語聞書』（一巻）といい、法然門下の長楽寺隆寛（一一四八～一二二七）の著とされ、

慈信御坊

（追伸）

真仏坊《しんぶつぼう》・性信坊《しょうしんぼう》・入信坊《にゅうしんぼう》、このひとびとのことうけたまわりてそうろう。かえすがえすなげきおぼえそうらえども、ちからおよばずそうろう。また余のひとびとのおなじこころならずそうろうらんも、ちからおよばずそうろう。ひとびとのおなじこころならずそうらえば、とかくもうすにおよばず、いまは人のうえももうすべきにあらずそうろう。よくよくこころえたまうべし。

親鸞

慈信御坊

（現代語訳）

九月二十七日付のお手紙、詳しく拝見しました。また、お志の銭五貫文を十一月九日に頂戴しました。

さて、東国の人々がみな、年来念仏してきたのは無駄なことであったと、あちこちでさまざまに申しているとのこと、返す返すも困ったことだと感じています。いろいろな念仏の書物を書写して手許に持っているのに、それをどのように見做しているのでしょうか。本当に心もとなく思います。

慈信坊、貴方が東国へ下って、「自分が親鸞より聞いた教えこそが真実である、大方がたがこれまで称えてきた念仏はまったく役に立たない」と言ったとかで、大部

問答形式で念仏往生の要旨が簡略にまとめてある。

『自力他力の文』　『自力他力事』（一巻）のことで、隆寛が念仏の行について自力・他力を批判した書。

真仏坊　『親鸞門弟交名牒』の最初に「真仏　下野国高田住」とある。平国春の長男で、椎尾弥三郎春時という。高田専修寺を開いたと伝え、初期真宗教団の主流を形成した。正嘉二年（一二五八）五十歳没。

銭五貫文　現在のおよそ三十万円。

の中太郎を中心に集まっていた人の九十余人までもが、みな慈信坊のもとへ行こうと言って、中太郎入道を捨てたとか聞いています。どういうわけでそのようなことになっているのですか。結局のところ、信心が定まっていなかったからだと察せられます。どのような事情で、それほどまでに多くの人々が動揺したのでしょう。困ったことだと感じています。また、このような風評があるときですから、根拠のない話も多いに違いありません。さらには、親鸞もえこひいきをする人だという噂もあると聞きましたので、力を尽くして『唯信鈔』・『後世物語聞書』・『自力他力《じりきたりきの》事《こと》』などの書物のこころや、二河の譬喩などを書き写して、あちらこちらへと人々にお送りしましたのに、それもみな無駄になってしまったと聞こえてきますのは、いったいどのような勧め方をされたのでしょうか。思いもよらない状況にあることを耳にすることこそ、実に悲しいことです。詳しく事情をお知らせください。あなかしこあなかしこ。

十一月九日　親鸞

慈信御坊

（追伸）

真仏坊・性信坊・入信坊、この人たちのことはお聞きしました。返す返すも残念なことだと思われますが、私の力ではどうすることもできません。また、他の人々

『唯信鈔』　一巻。法然の滅後九年（一二二一）、安居院の聖覚（一一六七〜一二三五）によって著された。『選択集』に基づき、浄土の教えはただ信心を肝要とすることを述べる。

二河の譬喩　善導の『観経疏』「散善義」回向発願心釈に見える。はるか西方に向かう旅人の目の前に、燃えさかる火の河、荒れ狂う水の河があらわれ、その二つの河の中間に一筋の白い道があった。そこへ盗賊や猛獣が現れ、旅人を襲おう

が心を一つにしていないということも、私の力には余ることです。人々の心が一つではないのですから、もはやあれこれ申すには及びません。今はもう他の人についてとやかく言うべきではないのです。よくよくお心得になってください。

親鸞

慈信御坊

（要　義）

さまざまな異義がはびこり、混乱を極めていく関東の鎮静化のために、親鸞は自身に代わって息男・慈信坊善鸞を関東へと送っていた。その任に当たっている善鸞からの報告を受けて記された返書。

御消息中には善鸞宛のものが三通残る（本書第十・十一・二十通）が、本通はその二通目に当たると見られる。善鸞の動きに対して何らの危惧も感じられない本書第十通とは趣を異にし、この通では、親鸞は善鸞の行動にいささかの疑問を持ち始めている。善鸞の望ましからぬ行状は、他の門弟から親鸞のもとへと伝えられたものであろうが、詳しい内容はわからない。この手紙から推されるのは、ままならない自らの発言力や影響力についての善鸞の焦りである。親鸞の実子として、その名代という大きな使命を背負って関東へ下った善鸞ではあったが、各地の長老の下に

と迫ってきた。そのとき、旅人のいる東岸からは「この道を行け」、西岸からは「迷わずすぐに渡れ」という声が聞こえてきた。盗賊たちは「そのような危ない道を行くな」と叫ぶが、旅人は迷わず白道を進み、無事に河を渡った。釈尊の教えに励まされ、阿弥陀仏に招かれて、この世（東岸）の人が浄土（西岸）におもむくさまを表す譬えである。親鸞は建長六年（一二五四）十一月十八日「二河白道摂書」を書いている（茨城県鷲子・照願寺所蔵）。

まとまっていた同朋たちの中に、自らの存在感と地位を早急に確立することは容易ではない。そのいらだちが、親鸞の息子という立場を利用した自身の正当性の主張へと善鸞を駆り立てたのだろうか。

信頼して送り出した善鸞に対する、親鸞自身の困惑と動揺が読み取れる一通である。

第一二通　なにごとよりは如来

（本　文）

なにごとよりは如来の御本願のひろまらせたまいてそうろうこと、かえすがえすめでたく、うれしくそうろう。そのことに、おのおのところどころに、われはということをおもうて、あらそうこと、ゆめゆめあるべからずそうろう。京にも一念多念なんどもうすあらそうことのおおくそうろうようにあること、さらさらそうろうべからず。ただ詮ずるところは『唯信鈔』・『後世《ごせ》物語』・『自力他力』、この御文どもをよくよくつねにみて、その御こころにたがえずおわしますべし。いずかたのひとびとにも、このこころをおおせられそうろうべし。なおおぼつかなきことあらば、今日までいきてそうらえば、わざともこれへたずねたまうべし。鹿嶋《かしま》・行方《なめかた》、そのならびのひとびとにも、このこころをよくよくおおせらるべし。一念多念のあらそいなんどのように、詮なきこと、論じごとをのみもうしあわれてそうろうぞかし。よくよくつつしむべきことなり。あなかしこあなかしこ。かようのことをこころえぬ人々は、

一念多念　一声の念仏で往生できるという考えと、数多く念仏しなければ往生できないという考え。

『後世物語』　『後世物語聞書』（一巻）といい、法然門下の長楽寺隆寛（一一四八～一二二七）の著とされ、問答形式で念仏往生の要旨が簡略にまとめてある。

そのこととなきことをもうしあわれてそうろう。よくよくつつしみたまうべし。かえすがえす。

二月三日　　親鸞

（現代語訳）

何にもまして如来のご本願が世の中に広まりますことは、返す返すもすばらしく嬉しいことです。それにつけても、あちらこちらでそれぞれに我こそはと思い上がって争うようなこと、このようなことは決してあるべきではありません。京都においても、念仏は一声でよいのだ、いや数多く称えるのがよいのだなどという争いごとが多くあるようですが、このようなことは決してあってはならないことです。ともあれ、要するに『唯信鈔』・『後世物語聞書』・『自力《じりき》他力《たりき》事《のこと》』、これらの書物を常によく読んで、そこに説かれている御こころに違《たが》わないようにされるのがよいでしょう。どうか、いずれの人々にも、この趣旨をお伝えください。それでもなお不確かなことがあれば、こうして今日まで生きながらえておりますので、特に便を立ててでもこちらへお尋ねになられますように。鹿島・行方、そのあたりの人々にも、この趣を十分にお話しください。念仏の一念多念の争いなどのように、甲斐のないことや議論ばかりを言い争っておられるのでしょうが、よくよく慎むべきことです。

あなかしこあなかしこ。

『自力他力』　『自力他力事』（一巻）のことで、隆寛が念仏の行について自力・他力を批判した書。

鹿嶋　常陸（茨城県）鹿島郡。この地に鹿島明神があり、順信房信海を中心に鹿島門徒が形成された。

行方　鹿島と霞ケ浦の北浦を挟んで西側に位置する行方郡。

如来のご本願　阿弥陀如来が衆生を救うために因位において建てた願。

『唯信鈔』　一巻。法然の滅後九年（一二二一）、安居院の聖覚（一一六七～一二三五）によって著された。『選択集』に基づき、浄土の教えはただ信心を肝要とすることを述べる。

こういったことを心得ない人々は、無意味なことを言い争っているのです。よくよく慎まれますように。くれぐれも。

二月三日

親鸞

（要　義）

自負心を剝《む》き出しにして念仏についての論争を繰り返すことを諌《いさ》め、『唯信鈔』等の書物を常に味読して、そこに説かれる教えを依りどころとすべきことを説く。

この通に出る『唯信鈔』・『後世物語聞書』・『自力他力事』の他、『一念多念分別事《いちねんたねんふんべつじ》』を含め、親鸞は、他力念仏の指南となるこれら先達の書物を繰り返し書き写して関東の同朋たちに送り、その熟読を勧めていた。そしてまた、それらを理解する一助とすべく、『唯信鈔文意』・『一念多念文意』といった註釈書を自ら著し、それらも同様、関東の同朋へと送付していたことが知られる。

『唯信鈔文意』・『一念多念文意』の末尾には、ともに、「いなかの人々の文字のこころも知らず、あさましき愚痴きわまりなきゆえに、やすく心得させんとて、同じことを取り返し取り返し書き付けたり…」という一文が誌されており、本通に記される「おぼつかなきことあらば、今日までいきてそうらえば、わざともこれへたずねたまうべし」という言葉とともに、文書伝道という制約の中で、同朋の信心獲得を何よりも願った親鸞のこころをそこに窺うことができる。

第一三通　六月一日の御文

（本　文）

六月一日の御文、くわしくみそうらいぬ。さては鎌倉にての御うったえのようは、おろおろうけたまわりてそうろう。この御文にたがわずうけたまわりてそうらいしに、別のことはそうらわじとおもいそうらいしに、御くだりうれしくそうろう。おおかたは、このうったえのようは、御身ひとりのことにはあらずそうろう。すべて浄土の念仏者のことなり。このようは、故聖人の御とき、この身どものようようにもうされそうらいしことなり。こともあたらしきうったえにてもそうらわず。性信房《しょうしんぼう》ひとりの沙汰あるべきことにはあらず、念仏もうさんひとは、みなおなじこころに御沙汰あるべきことなり。御身をわらいもうすべきことにはあらずそうろうべし。念仏者のものにこころえぬは性信坊のとがにもうしなされんはきわまれるひがごとにそうろうべし。念仏もうさん人は性信坊のかたことにこそなりあわせたまうべけれ。母・姉・妹なんどようようにもうさるることは、ふるごとにてそうろう。さればとて念仏をとどめられそうらいしが、世にくせごとのおこりそうらいしかば、それにつけても念仏をふかくたのみて、よくいのりに、こころにいれて、もうしあわせたまうべしとぞおぼえそうろう。御文のよう、おおかたの陳状よく御はからいどもそうらいけり。うれしくそうろう。詮じそうろうところは、御身にかぎらず、念仏もうさん人々は、わが御身の料《りょう》はおぼしめさずとも、朝《ちょう》家《か》の御ため国民のために、念仏をもうしあわせたまいそうらわば、

鎌倉にての御うったえ　鎌倉での訴訟。専修念仏に関して訴えられたもので、長老の性信がその弁明に当たった。

故聖人　建暦二年（一二一二）に亡くなった法然房源空のこと。

性信房　『親鸞門弟交名牒』に「性信　下総国飯沼」とある。横曽根門徒を形成し、のち坂東報恩寺を開く。寺伝によれば、俗名は大中臣与四郎と称し、建治元年（一二七五）八十九歳で示寂。親鸞自筆の『教行証文類』は貴重な草稿本として同寺に伝えられてきた。

かたこと　これは底本の傍註や異本にあるように「カタ

めでとうそうろうべし。往生を不定《ふじょう》におぼしめさん人は、まずわが身の往生をおぼしめして、御念仏そうろうべし。わが御身の往生を一定《いちじょう》とおぼしめさん人は、仏の御恩をおぼしめさんに、御報恩のために御念仏こころにいれてもうして、世のなか安穏なれ、仏法ひろまれとおぼしめすべしとぞ、おぼえそうろう。よくよく御案そうろうべし。このほかは別の御はからいあるべしとはおぼえずそうろう。なおなおとく御くだりのそうろうこそ、うれしうそうらえ。よくよく御こころにいれて、往生一定とおもいさだめられそうらいなば、仏の御恩をおぼしめさんには、こと事はそうろうべからず、御念仏をこころにいれてもうさせたまうべしとおぼえそうろう。あなかしこあなかしこ。

七月九日　　　　　　　　　　　　　　　　親鸞

性信の御坊

（現代語訳）

六月一日付のお手紙、詳しく拝見しました。さて、鎌倉での訴訟の件については、いくらかお聞きしておりました。いただいたお手紙と同様の旨をかねがね他から承っていましたので、大事はあるまいとは思っていましたが、無事、国許へお帰りになられ、嬉しく思います。

そもそも、この訴えの件は、貴方お一人の問題ではありません。すべての浄土念仏者に関わることです。同じようなことは、故法然聖人ご在世のころ、この私どももさまざまに言われましたことで、この度がとくに事新しい訴えというわけでもあ

フト」が正しいと考えられる。「カタフト」は「方人」のことで、ひいきする者、味方の意。

ふるごと　古言・故事。古い言い伝え。

くせごと　違法。違法に対する処罰。

料　ため。ためのもの。

朝家　帝王の家。帝室。

りません。もちろん性信坊一人が対処しなければならない問題ではなく、念仏申す人みなが、心を一つにして対処すべきことなのです。貴方ひとりを冷笑して済ませていてよいものではありません。それなのに、念仏者の中の道理をわきまえないものたちが、性信坊一人の責任にしてしまっているのは、たいへんな間違いでありましょう。念仏申すほどの人は、性信坊の味方になられてこそ本当というものです。母・姉・妹などがいろいろと申されることも古びた言い伝えです。ところで、同じような偏見から、かつてお上《かみ》が念仏を停止されたことがありました。ところが結果、世の中は混乱し、たいへんな事変が起こることともなったのですから、それにつけても、念仏を深くたのみとし、世の平穏ということをよく祈念して、心から念仏を申されるのがよいかと思われます。

お手紙の様子では、訴訟に対する概《おおむ》ねの陳情を適切にご処置なされたようで、とても嬉しく思います。結局のところ、貴方に限らず、念仏申すような人々は、ご自身の往生のために役立てるのだとは思わなくとも、お上の御ため、国民のためにと思って、ともども念仏を申されるのなら、それこそ結構なことであります。ご自身の往生を心もとなく思われる人は、まず我が身の往生のことをお考えになってお念仏申されるのがよいでしょう。ご自身の往生は確かであると思われる人は、仏の御恩を思うにつけても、その御恩報謝のためにお念仏を心に入れて称え、世の中が平穏であるように、仏法が広まるように、とお考えになるのがよいと思われます。よくよくご思案ください。このほかに特別の心づかいが必要であるとは思われません。

それにしましても、速やかに国許に帰られましたことこそ、嬉しく思います。以上のことをよくよくお心に入れて、往生に間違いはないと思い定められたならば、仏の御恩を思うにつけても、ほかのことはあるべくもなく、ただお念仏を心の底から申されるべきであると思われます。あなかしこあなかしこ。

七月九日　　親鸞

性信の御坊へ

（要　義）

鎌倉での念仏訴訟をめぐって、関東の念仏者を代表して事にあたった性信坊から詳しい報告が届いた。それに対して安堵とねぎらいの言葉を述べ、あわせて、念仏者は社会とどのように関わるべきであるか、その心得を綴った手紙。おそらく、為政者側とのかかわりを通して生じてきた性信坊の問いに答えたものであろう。

文中、「念仏をとどめられそうらいしが、世にくせごとのおこりそうらいしかば」とあるのは、具体的には、親鸞自身も越後へと遠流に処された承元の念仏弾圧

（一二〇七）と、承久の乱（一二二一）による三上皇（後鳥羽・土御門・順徳）の配流を指すのだと理解してよいであろう。かつて朝廷は、仏法と世法との区別も明確にしないままに、世俗の政治的権力を背景に念仏弾圧を断行した。このような、いわば力でものごとをねじ伏せようとする在り方は、実はそれ自体の体力が弱まっていることの証しであり、そこには必ず破綻が訪れる。果たして、それが承久の乱という公武の消長の完全なる逆転へと結果したと捉えられたものであろう。けれども、社会に混乱が生じたとき、真っ先に犠牲を強いられ、時に生命の危機にまでさらされねばならないのは、常に一般民衆であった。四海平等の立脚地に立つ親鸞の念仏は、確かに為政者にとってはある種の脅威と映ったであろうが、その思想そのものは体制批判を指向するイデオロギー的思想ではない。戦乱や無法状態による生活や生命の危険を避け、人々が安心して念仏生活を送るためにも、世の中の平和や秩序は何よりも望まれるものであった。

「朝家の御ため国民のために」・「世のなか安穏なれ、仏法ひろまれ」と記される親鸞の言葉は、世俗と妥協し権力者におもねるといった浅薄なものではなく、仏法と世法との峻別に立った上で、社会と人々すべての平安を願う高い見地からのものと受け止めるべきであろう。

第一四通　かさまの念仏者

（本　文）

かさまの念仏者のうたがいとわれたる事

それ浄土真宗のこころは、往生の根機に他力あり、自力あり。このことすでに天竺の論《ろん》家《げ》・浄土の祖師のおおせられたることなり。まず自力と申ことは、行者のおのおのの縁にしたがいて、余の仏号を称念し余の善根を修行して、わがみをたのみ、わがはからいのこころをもって、身口意《しんくい》のみだれごころをつくろい、めでとうしなして浄土へ往生せんとおもうを自力と申なり。また他力と申ことは、弥陀如来の御ちかいの中に、選択摂取したまえる第十八の念仏往生の本願を信楽するを他力と申なり。如来の御ちかいなれば、「他力には義なきを義とす」と、聖人のおおせごとにてありき。義ということは、はからうことばなり。行者のはからいは自力なれば義というなり。他力は本願を信楽して往生必定《ひつじょう》なるゆえにさらに義なしとなり。しかれば、わがみのわるければいかでか如来むかえたまわんとおもうべからず、凡夫はもとより煩悩具足したるゆえに、わるきものとおもうべし。またわがこころよければ往生すべしとおもうべからず、自力の御はからいにては真実の報土へむまるべからざるなり。「行者のおのおのの自力の信にては、懈慢《けまん》・辺地《へんじ》の往生、胎生《たいしょう》・疑城《ぎじょう》の浄土までぞ、往生せらるることにてあるべき」とぞ、うけたまわりたりし。第十八の本願成就のゆえに、阿弥陀如来とならせたまいて、不可思議の利益きわまりましまさぬ御かたちを、天親《てんじん》菩薩は尽十方無碍光如来とあらわしめたまえり。このゆえに、よきあしき人をきらわず、煩悩のこ

かさま　常陸（茨城県）笠間郡。郡内には十二郷があり、その一つ稲田に親鸞は草庵を結び伝道した。

天竺の論家　インドの龍樹（二～三世紀）と世親（旧訳では天親、四～五世紀）を指す。

浄土の祖師　ここでは曇鸞（四七六～五四二）・道綽（五六二～六四五）・善導（六一三～六八一）・源信（九四二～一〇一七）・源空（一一三三～一二一二）の五祖を指す。

他力には義なきを義とす　義とは分別・はからいのこと。自力の分別心を離れることを本義とするの意。

聖人　法然房源空のこと。

ころをえらばず、へだてずして、往生はかならずするなりとしるべしとなり。しかれば恵心《えしん》院《いん》の和尚《かしょう》は『往生要集』に本願の念仏を信楽するありさまをあらわせるには、「行住坐臥をえらばず、時処諸縁をきらわず」とおおせられたり。「真実の信心をえたる人は、摂取のひかりにおさめとられまいらせたり」とたしかにあらわせり。しかれば、「無明煩悩を具して安養浄土に往生すれば、かならずすなわち無上仏果にいたる」と釈迦如来ときたまえり。しかるに、「五濁悪世のわれら、釈迦一仏のみことを信受せんことありがたかるべしとて、十方恒沙の諸仏証人とならせたまう」と善導和尚は釈したまえり。「釈迦・弥陀・十方の諸仏、みなおなじ御こころにて、本願念仏の衆生には、かげのかたちにそえるがごとくしてはなれたまわず」とあかせり。しかれば、この信心の人を、釈迦如来は、「わがしたしきともなり」とよろこびまします。この信心の人を真の仏弟子といえり。この人を正念に住する人とす。この人は、摂取してすてたまわざれば、金剛心をえたる人と申なり。この人を、上上人とも、好人とも、妙好人とも、最勝人とも、希有人とももうすなり。この人は正定聚のくらいにさだまれるなりとしるべし。しかれば、弥勒仏とひとしき人とのたまえり。これは真実信心をえたるゆえに、かならず真実の報土に往生するなりとしるべし。この信心をうることは、釈迦・弥陀・十方諸仏の御方便よりたまわりたるとしるべし。しかれば、「諸仏の御おしえをそしることなし、余の善根を行ずる人をそしることなし。この念仏する人をにくみそしる人をも、にくみそしることあるべからず、あわれみをなし、かなしむこころをもつべし」とこそ、聖人はおおせごとありしか。あなかしこあなかしこ。仏恩のふかきことは、懈慢・辺地に往生し、疑城・胎宮《たいぐう》に往生するだにも、弥陀の御ちかいのなかに、第十九・第廿の願の御あわれみにてこそ、不可思議のたのしみにあうことにて候え。仏恩のふかきこと、そのきわもなし。いかにいわんや、真実の報土へ往生して大涅槃のさとりをひらかんこと、

行者の〜あるべき　源空の法語等を集めた『和語灯録』（巻五）には「本願の念仏にはひとりだちをせさせて助をささぬ也。助さす程の人は、極楽の辺地にうまる」と見える。

恵心院の和尚　源信僧都（九四二〜一〇一七）のこと。

行住坐臥〜きらわず　源信の『往生要集』「第八・念仏証拠」には、「行住坐臥を簡ばず、時処諸縁を論ぜず」と見える。

真実の信心〜まいらせたり　源信の『往生要集』「第四・正修念仏」には、「われまたかの摂取のなかにあれども、煩悩、眼を障えて、見たてまつることあたわずといえども、大悲倦むことなくして、つねにわが身を照らしたまう」と見える。

無明煩悩〜仏果にいたる　『無量寿経』（巻下）には、「必ず超絶して去ることを

仏恩よくよく御安ども候べし。これさらに性信坊・親鸞がはからい申にはあらず候。ゆめゆめ。

建長七歳乙卯十月三日

愚禿親鸞八十三歳書之

（現代語訳）

笠間の念仏者が疑問に思いおたずねになったことについて

さて、浄土の真実の教えのこころから言うと、往生を願う衆生の根機には他力と自力とがある。このことはすでにはや、天竺の学僧がた、あるいは中国・日本の浄土教の祖師がたが言われてきたことである。

まず、自力ということは、行者がおのおのの縁にしたがって、阿弥陀仏以外の仏のみ名を称えたり、あるいは念仏以外の善行を修して、我が身をたのみとし、我がはからいの心をもって、身・口・意の乱れを整え、その身を立派に飾りあげて、浄土に往生しようと思うこと、それを自力と言うのである。一方、他力というのは、弥陀如来がそのお誓いの中に選び取ってくださった第十八の念仏往生の本願を信じて往生すること、これを他力と言うのである。これは如来のお誓いにただおまかせするのであるから、「他力においては、行者自らの義を離れることを本義とするのである」と、法然聖人は仰せになったことであった。義ということは、はからうと

得て、安養国に往生せよ。悪趣横に五悪趣を截りて、悪趣自然に閉じん。道に昇ること窮極なし」と見える。

五濁悪世〜ならせたまう　善導の『観経疏』「散善義」には、「十方の仏等、衆生の釈迦一仏の所説を信ぜざることを恐畏れて、すなわちともに同心同時に、おのおの舌相を出してあまねく三千世界に覆いて、誠実の言を説きたまう。『なんじら衆生、みなこの釈迦の所説・所讃・所証を信ずべし』」と見える。

釈迦・弥陀〜はなれたまわず　善導の『観経疏』「散善義」には、「もっぱら弥陀の名を念ずるものは、すなわち観音・勢至つねに随いて影護したまう」と見える。

わがしたしきともなり　『無量寿経』（巻下）「東方偈」には、「法を聞きて能く忘れず、見て敬い得て大きに

いう意味を示す言葉である。行者が自らはからうということは、すなわち自身の力をたのみとしているのだから、これを義があると言うのである。他力はただ阿弥陀仏の本願を信じ、信じるそのときに必ず往生する身と定まるのであるから、そこにはまったく行者の義はないということになる。

　それゆえ、自分はこんな悪の身であるのだから、どうして如来が浄土へ迎えてくださることがあろうかなどと危ぶむべきではないのである。凡夫はもとより煩悩を具えているのだから、本来、悪の身なのだと思うがよい。また反対に、自分は心正しいものだから往生することができると思うべきでもない。自力のはからいによっては真実の報土へ生まれることはできないのである。私はかつて、「行者のおのおのの自力の信心では、懈慢・辺地への往生、胎生・疑城の浄土までしか往生できないだろう」と、法然聖人より承ったことであった。第十八の本願を成就された結果、阿弥陀如来となられ、不可思議の利益を私たちにお与えくださる、そのお恵みの極まりないおすがたを、天親菩薩は「尽十方無碍光如来」と表わしてくださったのである。これによって、善人・悪人にかかわることなく、また煩悩の心を選び、隔てることもなく、私たちは必ず往生すると知るべきだ、と示されたのである。そこで、恵心院の源信和尚は『往生要集』に、衆生が本願の念仏を信受するありさまを表して、「起居動作を選ぶ事なく、時や所やさまざまな条件をも区別しない」と言われ

慶べば、すなわち我が善き親友なり」と見える。

真の仏弟子　弥陀の本願を信ずる人。

上上人〜ともうす　善導の『観経疏』「散善義」流通分には、「好人」・「妙好人」・「上上人」・「希有人」・「最勝人」の五種の嘉誉をあげて、念仏の行者を誉め讃えている。

諸仏の〜もつべし　『拾遺語灯録』（巻中）「登山状」には、「念仏を修せんものは余行をそしるべからず、そしらばすなわち弥陀の悲願にそむくべきゆえなり」と見える。

建長七歳　一二五五年。親鸞八十三歳。

第十八の念仏往生の本願　阿弥陀仏が建てた第十八の願。「たとい我、仏を得んに、十方衆生、心を至し信楽して我が国に生まれんと欲うて、乃至十念せん。もし生

たのであった。また、「真実の信心を得た人は、摂取の光の中に摂め取られるのである」と確かに書かれてある。だからこそ、「無明煩悩を身に具えていても、安養浄土に往生すれば、必ず直ちにこの上ない仏のさとりに到達する」と釈迦如来はお説きになられたのであった。

ところで、善導大師は『観経四帖疏』に、「この濁りに満ちた悪世に生きる我らは、釈迦一仏のお言葉ではなかなかそれを信じることができないであろう。そこで、あらゆる世界の諸仏が証人となられたのである」と釈されている。さらにまた、「釈迦・弥陀・あらゆる世界の諸仏、その方がたがみな一つお心になって、あたかも物に寄り添う影のごとくに、本願念仏の衆生に寄り添い、決して離れはしないのである」とも明かされている。それゆえ、この信心の人を釈迦如来は、「我が親しき友である」と呼んでおよろこびになられ、また、この信心の人を「真実の仏弟子」とも言い、「本願を信ずる心の定まった人」とも言うのである。この人は、弥陀が摂めとってお捨てにならないのだから、「金剛のように堅固な信心を得た人」とも言う。この人を、「最上の人」とも「好ましい人」とも「すぐれて好ましい人」とも「最も優れた人」とも「希有な人」とも言うのである。そして、この人は、必ず浄土に生まれさとりを開く身と定まった人なのだと理解せねばならない。それゆえ、「弥勒仏と等しい人」とも釈迦如来は言われたのである。この人は真実の信

まれずは、正覚を取らじ。唯五逆と正法を誹謗せんを除く」。念仏するものを浄土に生まれさせることを誓った。

真実の報土　阿弥陀仏の本願に報い現れた浄土。

懈慢・辺地　真実報土の周辺にある化土。仏智を疑う自力の行者が生まれるとされる。

胎生・疑城　仏智を疑う自力の行者が生まれるとされる化土。あたかも母胎にあるように蓮華の胎内につつまれ、仏・法・聖衆にあえないという。

天親　四～五世紀の人。新訳では世親という。初め部派仏教を学び『倶舎論』を作ったが、兄無著の勧めで大乗仏教に転じ、『唯識三十頌』・『浄土論』を著した。

尽十方無碍光如来　阿弥陀仏のこと。なにものにも碍げられず、すべてにゆきわた

心を得たからこそ、必ず真実の報土に往生するのだと理解するべきである。
そして、この信心を我々がこの身に得るのも、実は釈迦・弥陀・あらゆる世界の諸仏の巧《たく》みなお手立てによる賜物であると知らなければならない。それゆえに、「諸仏のみ教えを謗ってはならないし、念仏以外の善を行ずる人を謗ってもならない。また、念仏の人を憎み謗る人だからといって、その者を憎み謗ることがあってもならない。そのような人に対しては、哀れみをかけ、気の毒だと思う心を持つのがよい」とまで法然聖人は言われたのであった。あなかしこあなかしこ。
仏の御恩は深く、懈慢・辺地への往生、疑城・胎宮への往生までもが、第十九・第二十の願に誓われており、その慈悲によってはかり知れない楽しみにもあうことができるのです。まことに、仏恩の深さには極まりがありません。ましてや、真実の報土へ往生して、仏と同じ涅槃のさとりをひらかせていただくのです。仏恩をよくよくお考えにならなければなりません。以上のこと、これらは決して性信坊や親鸞が自分勝手に申し上げていることではありません。決して決してお疑いになりませんよう。

建長七年乙卯十月三日

愚禿親鸞八十三歳　これを書く

るはたらきをあらわす名。世親の『浄土論』に見える。

『往生要集』　三巻。源信の撰述。永観三年（九八五）に成る。百六十余の経論より往生の要文を集め、念仏が往生浄土の要であることを明かした。その後の浄土教発展に与えた影響は極めて大きい。

無明煩悩　真理に暗く、事象や道理を正しく理解できない精神状態。心身を煩わせ、悩ませる。

安養浄土　心を安らかにし身を養う阿弥陀仏の国土。

善導　（六一三〜六八一）。七高僧の第五祖。中国唐代の浄土教の祖師。

第十九・第二十の願　阿弥陀仏が建てた第十九・二十の願。「たとい我、仏を得んに、十方衆生、菩提心を発し、もろもろの功徳を修して、心を至し願を発して我が国に生まれんと欲わん。

（要　義）

笠間に住む念仏者たちに宛て、彼らより提出された質疑に答えるべく、したためられた法語的な手紙。東本願寺に真蹟が残る。

笠間は常陸国のほぼ中央、現在の茨城県笠間市である。在関二十年の中で、親鸞が長く草庵を結んだ稲田郷はこの地にあり、今も稲田の西念寺がその旧跡を伝えるという。一方、文末に「これさらに性信坊・親鸞がはからい申にはあらず」として名のあがる性信坊は、その住所を常陸国飯沼（現・茨城県水海道《みつかいどう》市）と伝える東国教団の長老の一人であった。飯沼と笠間とは直線距離にしておよそ五十キロも離れているにもかかわらず、笠間の念仏者に宛てた本通に、このように自らの名と併記して性信坊の名を記し、その説くところは伝統された法義と相違するものでないと述べるのである。鎌倉での訴訟事件に際して性信坊が念仏者を代表して事にあたったこと等ともあわせ、東国教団における性信坊の位置と、彼に対する親鸞の厚い信頼の程が知られるであろう。

なお、親鸞の門弟については、『親鸞聖人門弟交名牒《きょうみょうちょう》』と呼ばれる法統系図が、貴重な資料として残されている。その原本は鎌倉末より南北朝の時代にかけて製作されたものと推定され、もともとはある必要に迫られて官憲に提出するために作られた注進状であった。親鸞の流れをくむ三百十余名（妙源寺本による）の門弟の名

寿終わる時に臨んで、たとい大衆と囲繞してその人の前に現ぜずんば、正覚を取らじ」（第十九願）。「たとい我、仏を得んに、十方の衆生、我が名号を聞きて、念を我が国に係けて、もろもろの徳本を植えて、心を至し回向して我が国に生まれんと欲せんに、果遂せずんば、正覚を取らじ」（第二十願）。

が、それぞれの住所の註記とともにあげられており、これによって、初期真宗教団の門弟分布を知ることができる。

第一五通　このえん仏ぼう、くだられ候

（本　文）

このえん仏ぼう、くだられ候。こころざしのふかく候ゆえに、ぬしなどにもしられ申さずして、のぼられて候ぞ。こころにいれて、ぬしなどにも、おおせられ候べく候。この十日のよ、しょうもうにおうて候。この御ぼう、よくよくたずね候て候なり。こころざしありがたきように候ぞ。さだめてこのようは申され候わんずらん。よくよくきかせ給べく候。なにごともなにごともいそがしさに、くわしう申さず候。あなかしこ、あなかしこ。

十二月十五日　　　　（花押）

真仏《しんぶつ》御房へ

（現代語訳）

こちらに来ていた円仏房が国許へお帰りになります。念仏への志が深いために、主人などにも知らせずに上洛されたのです。その旨ご配慮いただき、かの主人などにもお口添えくださいませ。

去る十日の夜、火災に遭いましたが、この円仏坊はそんな中をよくよく尋ねてく

えん仏ぼう　『親鸞門弟交名牒』に、直弟「常陸国府住信願」の下に「円仏」の名を載せる。

ぬし　主人の尊称。

しょうもう　焼亡。火事のこと。

真仏　『親鸞門弟交名牒』の最初に「真仏　下野国高田住」とある。平国春の長男で、椎尾弥三郎春時という。高田専修寺を開いたと伝え、初期真宗教団の主流を形成した。正嘉二年（一二五八）五十歳没。

れました。その志はまことに尊いものです。さだめしこのことは貴方にもお話しになることでしょう。どうぞよくお聞きになってください。何ごとも、忙しさのために詳しくは申し上げられません。あなかしこあなかしこ。

十二月十五日　　　　　　　　（花押）

真仏御坊へ

（要　義）

奉公先に無断で上洛していた円仏房が国許へ帰るにあたり、主人へのとりなしを依頼した高田・真仏への手紙。専修寺に真蹟が残る。

文中には十二月十日の夜に火事に罹災したことが述べられている。『恵信尼消息』の第一通、建長八年七月九日付の消息には、京都の覚信尼《かくしんに》が火事に遭って重要書類等を焼いてしまったことを伝えているが、この二つの火災が同じものだと考えるならば、この真仏宛消息は、建長七年（一二五五）のものと推定できる。

この火災の後、親鸞は実弟・尋有《じんう》僧都の善法院に身を寄せて最晩年を過ごした。

第一六通　くだらせたまいてのち

（本　文）

くだらせたまいてのち、なにごとかそうろうらん。この源藤四郎《みなもとのとうしろう》殿におもわざるにあいまいらせてそうろう。便のうれしさにもうしそうろう。そののちなにごとかそうろう。念仏のうったえのこと、しずまりてそうろうよし、かたがたよりうけたまわりそうらえば、うれしくこそそうらえ。いまはよくよく念仏もひろまりそうらわんずらんとよろこびいりてそうろう。これにつけても御身の料《りょう》はいまさだまらせたまいたり。念仏を御こころにいれてつねにもうして、念仏そしらんひとびと、この世、のちの世までのことを、いのりあわせたまうべくそうろう。御身どもの料は、御念仏はいまはなにかはせさせたまうべき。ただひごうたる世のひとびとをいのり、弥陀の御ちかいにいれとおぼしめしあわば、仏の御恩を報じまいらせたまうになりそうろうべし。よくよく御こころにいれてもうしあわせたまうべくそうろう。聖人の廿五日の御念仏も、詮ずるところは、かようの邪見のものをたすけん料にこそ、もうしあわせたまえともうすことにてそうらえば、よくよく念仏そしらんひとをたすかれとおぼしめして、念仏しあわせたまうべくそうろう。またなにごともたびたび便にはもうしそうらいき。源藤四郎殿の便うれしうてもうしそうろう。あなかしこあなかしこ。入《にゅう》西《さい》の御坊のかたへももうしとうそうらえども、おなじことなれば、このようをつたえたまうべくそうろう。あなかしこあなかしこ。

親鸞

源藤四郎　不詳。

料　分際。ここでは往生のことを指す。

聖人の廿五日の御念仏　法然の命日にあたる二十五日に、それぞれの在所の堂舎で行われた報恩念仏の集会。

入西　『親鸞門弟交名牒』に、直弟の第二位に「入西　常陸国住」とある。なお、『親鸞伝絵』上の第八段に、

性信《しょうしん》御坊へ

(現代語訳)

鎌倉より国許へお帰りになられてから、なにか変わったことはありますか。この源藤四郎殿に思いがけなくお会いいたしました。幸便を得た嬉しさに、一筆申し上げます。その後、お変わりありませんか。

念仏についての訴訟の一件が収まったとのこと、あちらこちらよりお聞きし、たいへん嬉しく思います。今こそいよいよ念仏も広まるに違いなかろうと、深くよろこんでいます。

それにつけても、貴方自身の浄土往生は今では確かなことであります。どうか、念仏をお心に入れて常に称え、念仏を謗るような人々の、この世・のちの世までのことをともに祈念なさってください。往生の定まった貴方がた自身のためには、今は念仏を何に役立てる必要がありましょう。誤った考えにとらわれた世の人々を思い、弥陀のお誓いを仰ぐ身となるように、と考え合わせてくださるなら、それは必ずや仏の御恩に報いることとなるでしょう。よくよくお心にとめて、ともに念仏を申されてください。法然聖人のご命日である毎月二十五日のお念仏も、つまりは、このような間違った考えのものをたすけるためにみなで念仏を称えよ、という趣旨でありますから、くれぐれも念仏を謗る人がたすかるようにとお考えになって、念

仁治三年（一二四七）のこととして、入西が師親鸞の肖像を京都七条辺に住む絵師・定禅に描かせた事を記載する。

性信　『親鸞門弟交名牒』に「性信　下総国飯沼」とある。横曽根門徒を形成し、のち坂東報恩寺を開く。寺伝によれば、俗名は大中臣与四郎と称し、建治元年（一二七五）八十九歳で示寂。親鸞自筆の『教行証文類』は貴重な草稿本として同寺に伝えられてきた。

仏をなさってください。

そのほか、あらゆることは、度々お手紙で申してきました。源藤四郎殿の幸便が嬉しくて、以上、したためました。あなかしこあなかしこ。

入西の御坊の方へも申し上げたいのですが、同じことですので、どうかこの内容をお伝えになってください。あなかしこあなかしこ。

親鸞

性信御坊へ

(要　義)

念仏訴訟の解決のため尽力した性信坊に宛て、あらためてその落着を喜ぶとともに、念仏を誹謗する人々に対しても哀れみをかけ、彼らの救いを願って念仏することが仏恩報謝にもなると述べる。関東への幸便を得て託された手紙。

文中の「聖人の廿五日の御念仏」との記述により、当時の念仏者が、法然の命日〈建暦二年〈一二一二〉一月二十五日滅〉の二十五日に念仏の集会《しゅうえ》をもっていたことがわかる。私たちの自力回向を否定する親鸞にとって、集会や法要を執り行なうことは仏祖への報恩の営みであり、「自信教人信」の実践であった。同朋が集って念仏を讃嘆し、愛楽《あいぎょう》する。それは自らの信心を深めるとともに、おのずと他者への教化ともなるであろう。その広がりがまた、今は法を聞く耳を持たず、念仏を誹謗している人々に対しても、やがて機縁が熟し念仏する人となるようにと願う心ともなるのである。

第一七通　さては念仏のあいだのこと

（本　文）

さては念仏のあいだのことによりて、ところせきようにうけたまわりそうろう。かえすがえすこころぐるしくそうろう。詮ずるところ、そのところの縁ぞつきさせたまいそうろうらん。念仏をさえらるなんどもうさんことに、ともかくもなげきおぼしめすべからずそうろう。念仏とどめんひとこそ、いかにもなりそうらわめ、もうしたまうひとは、なにかくるしくそうろうべき。余のひとびとを縁として、念仏をひろめんと、はからいあわせたまうこと、ゆめゆめあるべからずそうろう。そのところに念仏のひろまりそうらわんことも仏天《ぶってん》の御はからいにてそうろうべし。慈信坊《じしんぼう》がようようにもうしそうろうなるによりて、ひとびとも御こころどものようようにならせたまいそうろうよし、うけたまわりそうろう。かえすがえす不便《ふびん》のことにそうろう。ともかくも仏天の御はからいにまかせまいらせさせたまうべし。そのところの縁つきておわしましそうらわば、いずれのところにてもうつらせたまいそうろうておわしますように御はからいそうろうべし。慈信坊がもうしそうろうことをたのみおぼしめして、これよりは余のひとを強縁《ごうえん》として念仏ひろめよともうすこと、ゆめゆめもうしたるこ

ところせき　身動きができない。気づまりである。

余のひとびと　念仏者以外の人びと。

仏天　仏の敬称。最上の意を込めて、仏を第一義天・仏天などと称する。

慈信坊　慈信房善鸞。親鸞の息男。はじめ宮内卿と号し、長く親鸞の膝下にあった。父に代わり東国へ下ったが、かえって異義に傾き教団を乱したため、ついに親鸞より父子の義絶をうけた。

とそうらわず、きわまれるひがごとにてそうろう。この世のならいにて念仏をさまたげんことは、かねて仏のときおかせたまいてそうらえば、おどろきおぼしめすべからず。ようように慈信坊がもうすことを、これよりもうしそうろうと御こころえそうろう、ゆめゆめあるべからずそうろう。法門のようもあらぬさまにもうしなしてそうろうなり、御耳にききいれらるべからずそうろう。きわまれるひがごとどものきこえそうろう、あさましくそうろう。入信坊《にゅうしんぼう》なんども不便におぼえそうろう。鎌倉にながいしてそうろうらん、不便にそうろう。当時それもわずらうべくてぞ、さてもそうろうらん、ちからおよばずそうろう。奥郡《おうぐん》のひとびとの、慈信坊にすかされて、信心みなうかれおうておわしましそうろうなること、かえすがえすあわれにかなしうおぼえそうろう。これもひとびとをすかしもうしたるようにきこえそうろうこと、かえすがえすあさましくおぼえそうろう。それも日ごろひとびとの信のさだまらずそうらいけることのあらわれてきこえそうろう、かえすがえす不便にそうらいけり。慈信坊がもうすことによりて、ひとびとの日ごろの信のたじろぎおうておわしましそうろうも、詮ずるところは、ひとびとの信心のまことならぬことのあらわれてそうろう、よきことにてそうろう。それをひとびとは、これよりもうしたるようにおぼしめしおうてそうろうこそ、あさましくそうらえ。日ごろようようの御ふみどもを、かきもちておわしましおうてそうろう甲斐もなくおぼえそうろう。『唯信鈔』、ようようの御ふみどもは、いまは詮なくなりてそうろうとおぼえそうろう。よくよくかきもたせたまいてそうろう法門は、みな詮なくなりてそうろうなり。慈信坊にみなしたがいて、めでたき御ふみどもはすてさせたまいおうてそうろうときこえそうろうこそ、詮なくあわれにおぼえそうらえ。よくよく『唯信鈔』・『後《ご》世《せ》物語』なんどを御覧あるべくそうろう。年ごろ信ありとおおせられおうてそうらいけるひとびとは、みなそらごとにてそうらいけりときこえそうろう。あさましくそうろう、あさま

きわまれるひがごと　甚だしい心得違い。

入信坊　『親鸞門弟交名牒』の直弟中に「入信　同（常陸）住」とあり、『高田正統伝』（巻五）には「穴沢入信房」と載せる。穴沢は現在の東茨城郡桂村阿野沢。

鎌倉　現在の神奈川県南東部の市。当時、鎌倉幕府が置かれていた。

奥郡　常陸国那珂郡以北の地方。『吾妻鏡』に佐竹秀義の領所として常陸「奥七郡」とあり、多賀・佐都東・佐都西・久慈東・久慈西・那珂東・那珂西をいう。

すかされ　だまされる。

信のたじろぎ　信心が動揺している様を言う。

詮なくなりて　役に立たなくなって。

『後世物語』　『後世物語聞書』（一巻）といい、法然門下の長楽寺隆寛（一一四八～一二二七）の著とされ、

しくそうろう。なにごともなにごともまたまたもうしそうろうべし。

正月九日　　　　　　　　　　　　　　　　親鸞

真浄《しんじょう》御坊

（現代語訳）

さて、念仏に関することのために、随分と厄介な状況にあると承っております。返す返す心苦しく思います。結局のところ、その土地での念仏のご縁が尽き果ててしまったのでしょう。念仏が妨げられるなどということについて、あれこれと嘆き悲しまれるべきではありません。念仏を停《とど》める人こそ、どのような結果にもなることでしょうが、念仏申される人に、いったい何の心配がありましょうか。世俗の権力を持つ人々を頼りとして念仏を広めようと協議なさることは、ゆめゆめあってはなりません。その土地に念仏が広まるか否かというようなことも、仏の御はからいなのでしょう。

慈信坊があれこれと申すことによって、人々もそのお心をさまざまに乱してしまったとのこと、お聞きしています。本当に気の毒なことです。何はとも、仏の御はからいにおまかせしてください。その土地での念仏のご縁が尽き果てたならば、いずれのところなりとも、縁ある土地へ移られますようおはからいください。慈信坊が申したことを信用なさって、私が在地の権力者を強力なよすがとして念仏を広め

問答形式で念仏往生の要旨が簡略にまとめてある。

そらごと　真実でない言葉。嘘。

真浄　『高田正統伝』（巻五）に「鹿島　真浄坊」とある。

よと言ったとお考えになるようなこと、このようなことを、決して申したことはございません。甚だしい誤りです。この世のならいにひかれて念仏を妨げるようなことが起こるについては、予《かね》てより仏が説いてくださっていることなのですから、驚くには及びません。さまざまに慈信坊が申すことを、そのまま私が申したことだとお考えになることは、ゆめゆめあってはなりません。み教えについても、慈信坊はとんでもないかたちで言い曲げているようです。お聞き入れになるべきではありません。甚だしい誤りなどが聞こえてきます。実に嘆かわしいことです。

入信坊のこともかわいそうに思います。鎌倉に長く滞在しているようで、不憫なことです。けれどもそれも、今は事情があるからこそ、そのようなことになっているのでしょう。私にはどうすることもできません。

慈信坊にだまされて、奥郡の人々の信心がことごとく揺らいでおられるとのこと、返す返すも悲しく、気の毒に思われます。さらには、この私までもが人々をだましたかのように聞こえてくるのも、本当に情けなく思われることです。それというのも、平素の人々の信心が定まってはいなかったことのあらわれであると感じています。実に悲しいことです。慈信坊が申すことによって、人々の日頃の信心が動揺しているのも、結局のところは、その信心が真実のものではなかったことの証拠です、かえってよいことです。それなのに、人々は、すべての偽りを私が言ったかのようにお考えになっているとは、実に嘆かわしいことです。

日ごろ、さまざまなみ教えの書物を書写して持っておられた甲斐もなく思われます。『唯信鈔』を初め、さまざまな書物は、今では無駄になってしまったのかと思うことです。熱心に書き写して持っておられた書物に説くみ教えは、みなすべて役に立たなくなってしまいました。慈信坊の言うことにみなしたがって、すばらしい書物などを捨ててしまわれたと耳にすることこそ、口惜しく悲しく思われます。どうか、よくよく『唯信鈔』・『後世物語聞書』などをご覧になってください。年来、信心があるとおっしゃっていた人々は、みな偽りであったと聞こえてきます。本当に、本当に、嘆かわしいことです。何もかもまた次の機会に申し上げましょう。

正月九日　親鸞

真浄御坊

『唯信鈔』　一巻。法然の滅後九年（一二二一）、安居院の聖覚（一一六七～一二三五）によって著された。『選択集』に基づき、浄土の教えはただ信心を肝要とすることを述べる。

（要　義）

念仏に対する弾圧などによって混乱する東国の状況を歎きつつ、しかしだからといって、在地の権力者の力を借りて念仏を護り、広めようと図ることがあってはならないと厳しく説く。真浄坊への手紙。

異義・邪義に動揺する関東教団を鎮静化すべく、自らの名代として送り出した息男・慈信坊善鸞の東国における行動が、次第に親鸞にも明らかになってきた。この手紙には、終始、善鸞に対する親鸞の不信感が強く窺われるが、中でも、善鸞が親鸞の指示であるとして、「余のひとびとを縁として念仏ひろめん」と画策していることについては、一段と厳しい誡めの言葉が綴られている。弾圧を受け、どのようにしても念仏の相続が危ういのであれば、その土地の縁は尽きたとして、その地を離れよとまで言う強い語気は、権力に追従することの孕む危険性が、いかに強いかを示すものであろう。

世俗権力者の力を借り、その保護を受けるということは、すなわち仏法が世俗の法に支配され、ひいては仏法が世俗の道具となるということを意味する。仏法が世俗に生きる人々を救い得るのは、それが世俗を超えているからである。仏法が世俗に堕したとき、そこにはもはや人々を救う力はない。仏法と世法とは劃然《かくぜん》と区別されなければならないのである。

第一八通　『宝号経』にのたまわく

〈本　文〉

『宝号経《ほうごうきょう》』にのたまわく、「弥陀の本願は行にあらず善にあらず、ただ仏名をたもつな

『宝号経』　現存の大蔵経の中には見出だされない。

弥陀　阿弥陀如来。真宗の本尊。念仏の行者を摂取して捨てない救済仏。

り」。名号はこれ善なり行なり。行というは善をするについていうことばなり。本願はもとより仏の御約束とこころえぬるには、善にあらず行にあらざるなり。かるがゆえに他力とはもうすなり。本願の名号は能生する因なり。能生の因というは、すなわちこれ父なり。大悲の光明はこれ所生の縁なり。所生の縁というは、すなわちこれ母なり。

本願　仏・菩薩が因位において必ず建てる誓い。

名号　阿弥陀仏の本願のはたらきが具体的に言葉となって現れたもの。南無阿弥陀仏。

大悲　衆生をあわれみいたんで苦を抜くこと。あるいは楽を与えるともいう。衆生縁の小悲、法縁の中悲、無縁の大悲があるが、すべての衆生を平等に救う仏は無縁の大悲をおこす。

（現代語訳）

『宝号経』に、「弥陀の本願念仏は、我々のはからいで修する行でもなく善でもない。我々はただ仏のみ名を保つのみである」と言われている。仏より言えば、その名号は善であり行である。行というのは、善を行うということから言う言葉である。本願とは、本来、仏のお約束であると心得てしまえば、その本願の念仏は、我々がはからう善でもなければ行でもない。だからこそ、他力と言うのである。本願に誓われた南無阿弥陀仏の名号は、我々の浄土往生を生む因であり、すなわち父に相当する。一方、阿弥陀仏の大悲の光明は、我々の浄土往生を育む縁であり、すなわち母に相当する。

（要　義）

『宝号経』の言葉を引用して、本願の念仏は非行非善の他力の行であると述べ、さらに、光明と名号とが衆生の浄土往生のための因縁となることを述べた法語。

ここに引用される『宝号経』の名は現存の大蔵経典に見出すことができない。しかし、法然撰と伝えられる『弥陀経義集』（この書名は本書第三十七通の慶信上書にも見られる）の中に、「宝号王経。非行非善。但持仏名故、生不退位」という記述が見られ、また、専修寺に筆写本（弘安三年〈一二八〇〉として所蔵される『浄土真宗聞書』の中には、「宝号経に言、弥陀の本願は非行非善但持仏名…（中略）…所生の縁というは母也」と、本通と同じ文が引用されており、経典自体の真偽はともかく、そこに説かれるという「非行非善」の言葉は、初期真宗教団において広く知られていたものと考えられる。

親鸞においては、この法語の他、『教行証文類』「信巻」に他力信心の徳を讃嘆して、「行にあらず善にあらず」と述べる等、他力の法義を語る重要な表現として受容されていた。そして、それらが『歎異抄』第八条の「念仏は行者のために非行非善なり…」という言葉として受け継がれていく。

なお、後半の光明名号因縁の釈については、『教行証文類』「行巻」に、親鸞自身によるより詳細な釈義が施されている。

第一九通　四月七日の御ふみ

（本　文）

四月七日の御ふみ、五月廿六日たしかにたしかにみ候ぬ。さてはおおせられたる事、信の一念、行の一念、ふたつなれども、信をはなれたる行もなし、行の一念をはなれたる信の一念もなし。そのゆえは、行と申は、本願の名号をひとこえとなえておうじょうすと申ことをききて、ひとこえをもとなえ、もしは十念をもせんは行なり。この御ちかいをききて、うたがうこころのすこしもなきを、信の一念と申せば、信と行とふたつときけども、行をひとこえするをききて、うたがわねば、行をはなれたる信はなしとききて候。又、信はなれたる行なしとおぼしめすべし。これみなみだの御ちかいと申ことをこころうべし。行と信とは、御ちかいを申なり。あなかしこあなかしこ。いのち候わばかならずかならずのぼらせ給べく候。

五月廿八日　（花押）

覚信《かくしん》御房御返事

（余白追伸）

専信坊《せんしんぼう》、京ちかくなられて候こそ、たのもしうおぼえ候え。

又、御こころざしのぜに三百文、たしかにたしかにかしこまりてたまわりて候。

（包紙別筆）

建長八歳丙辰五月廿八日　親鸞聖人御返事

覚信　『親鸞門弟交名牒』に「覚信　下野高田」とある。太郎入道と号し、親鸞の『西方指南抄』を書写した。十月二十九日付慶信宛御消息の蓮位添状（本書第三十七通）より、慶信の父と認められ、京都へ上って往生を遂げたことが知られる。

専信坊　『親鸞門弟交名牒』に「遠江国住　上人面授」として「専信」の名が記載される。諱を専海と言う。建長七年（一二五五）に『教行証文類』を書写し（高田専修寺本）、また同年に師親鸞の寿像を朝円に

（現代語訳）

四月七日付のお手紙、五月二十六日に間違いなく拝見しました。さて、お手紙に書かれていることについて、信の一念と行の一念とは、二つではありますが、信を離れた行もありませんし、行の一念を離れた信の一念もありません。その理由は、まず行というのは、本願の名号を一声称えて浄土に往生するということを聞いて、そのまま一声をも称え、あるいは十声をも称えること、これが行であります。そして、このお誓いを聞いて、疑う心が少しもないのを信の一念と言います。それゆえ、信と行とは二つのように聞こえますが、行を一声称えて往生すると聞いて、それを疑うことなく信ずるのですから、行を離れた信はないのだとうかがってきました。また、信を離れた行もないとご理解ください。

これらはみな弥陀のお誓いであるということをわきまえなければなりません。行と信とは、阿弥陀仏のお誓いについて言うことなのです。あなかしこあなかしこ。

お命がございましたら、必ず必ず上洛なさってください。

五月二十八日　（花押）

覚信御坊へ　お返事として

（余白追伸）

専信坊が京都へより近くなられたことを心強く思っています。

描かせた（安城の御影）。その往生は文永元年（一二六五）三月十七日と伝える（浜松市・善正寺『過去帳』）。

京ちかく　京都に近く。専信坊が東国より遠江へ移住したことを言う。

建長八歳　一二五六年。親鸞八十四歳。

信の一念　『教行証文類』「信巻」に「それ真実信楽を案ずるに、信楽に一念あり。一念は、これ信楽開発の時剋の極促を顕し、広大難思の慶心を彰すなり」、「一念と言うは、信心二心なきがゆえに一念と曰う」と述べる。

行の一念　『教行証文類』「行巻」に「行の一念と言うは、いわく称名の遍数について、選択易行の至極を顕開す」、「専念と云えるは、すなわち一行なり、二行なきことを形すなり」と述べまた、お志の銭三百文を確かに確かにつつしんで頂戴いたしました。

（包紙別筆）

建長八年丙辰五月二十八日　親鸞聖人よりのお返事

（要　義）

覚信坊からの疑義に対する返書で、専修寺に真蹟が残る。古来より「信行一念章」と呼び慣わされてきたように、信の一念と行の一念とは不離の関係にあることを明瞭・簡潔に述べる。

親鸞は、『教行証文類』において「おおよそ往相回向の行信について、行にすなわち一念あり、また信に一念あり」と述べ、浄土真宗の法義の特質を明確にすべく、行の一念・信の一念、それぞれについて分析的な解釈を施している。しかしだからといって、行の一念と信の一念とは離れたものではない。「往相回向の行信について」と言われ、また本通にも「行と信とは御ちかいを申なり」と言われるように、行も信もともに阿弥陀仏の本願として誓われ、我々に回向されるものである。本願に誓われた「名号をただ一声称えて（信じるものがらとしての行の一念）往生できるのである」という仰せを聞いて、疑いなく受け容れ（二心のない信の一念）、それが一声の称名（私たちの身の上にはたらく行の一念）となって私の上に行ぜられる。

三百文　現在のおよそ一万八千円。

る、これが真の念仏者のすがたである。

なお、追伸に載る専信坊は、親鸞を慕い少しでも京都に近いところにと、この頃、東国より遠江国池田（現・静岡県浜松市）へと移り住んだ。しかして六年後、親鸞入滅に際し、彼はいち早く馳せ参じたのであった。

第二〇通　おおせられたる事

（本　文）

おおせられたる事くわしくききてそうろう。なによりは、あいみんぼうとかやともうすなる人の、京よりふみをえたるとかやともうされそうろうなる、返々ふしぎにそうろう。いまだかたちをもみず、ふみ一度もたまわりそうらわず。これよりももうすこともなきに、京よりふみをえたるともうすなる、あさましきことなり。又、慈信房《じしんぼう》のほうもんのよう、みょうもくをだにもきかず、しらぬことを、慈信一人に、よる親鸞がおしえたるなりと、人に慈信房もうされてそうろうとて、これにも常陸・下野の人々は、みなしんらんが、そらごとをもうしたるよしをもうしあわれてそうらえば、今は父子のぎはあるべからずそうろう。又、母のあまにもふしぎのそらごとをいいつけられたること、もうすかぎりなきこと、あさましうそうろう。みぶの女房の、これへきたりてもうすこと、じしんぼうがとうたるふみとて、もちてきたれるふみ、これにおきてそうろうめり。慈信房がふみとてこれにあり。そのふみつやつやいろわぬことゆえに、ままはにいいまどわされたるとかかれたること、ことにあさ

あいみんぼう　不詳。『血脈文集』第二通には「哀愍房」とある。

慈信房　慈信房善鸞。親鸞の息男。

みょうもく　名目。事物の称呼。

常陸　現在の茨城県の大部分。

下野　現在の栃木県。

母のあま　慈信の母、恵信尼を指す。

みぶの女房　不詳。「みぶ」を壬生とすれば、下野と遠

ましきことなり。よにありけるを、ままはのあまのいいまどわせりということ、あさましきそらごとなり。又、この世にいかにしてありけりともしらぬことを、みぶのにょぼうのもとへもふみのあること、こころもおよばぬほどのそらごと、こころうきことなりとなげきそうろう。まことにかかるそらごとどもをいいて、六波羅《ろくはら》のへん、かまくらなんどに、ひろうせられたること、こころうきことなり。これらほどのそらごとはこのよのことなれば、いかでもあるべし。それだにも、そらごとをいうこと、うたてきなり。いかにいわんや、往生極楽の大事をいいまどわして、ひたち・しもつけの念仏者をまどわし、おやにそらごとをいいつけたること、こころうきことなり。第十八の本願をば、しぼめるはなにたとえて、人ごとに、みなすてまいらせたりときこゆること、まことにほうぼうのとが、又五逆のつみをこのみて、人をそんじまどわさるること、かなしきことなり。ことに破僧の罪ともうすつみは、五逆のその一なり。親鸞にそらごとをもうしつけたるは、ちちをころすなり、五逆のその一なり。このことどもつたえきくこと、あさましさもうすかぎりなければ、いまはおやということあるべからず、ことおもうことおもいきりたり。三宝・神明《しんめい》にもうしきりおわりぬ、かなしきことなり。わがほうもんににずとて、ひたちの念仏者みなまどわさんとこのまるるときくこそ、こころうくそうらえ。しんらんがおしえにて、ひたちの念仏もうす人々をそんぜよと慈信房におしえたると、かまくらにてきこえんこと、あさましあさまし。

五月廿九日　　在判

同六月七日到来

建長八年六月廿七日註之

慈信房御返事

嘉元三年七月廿七日書写了

江と京都の三つが考えられる。文面からすれば、親鸞一家の住んだ五条西洞院に近い京の壬生か。

とう　賜ぶ。お与えになる。

つやつやいろわぬ　まったく関係がない。

ままはは　ここでは恵信尼を指すものと思われる。

こころうき　心につらく思う。情けない。

六波羅　六波羅探題。鎌倉幕府が京都守護に代わって六波羅に置いた機関。京都鴨川の東岸、東山区宮川筋松原の辺りにあった。

かまくら　現在の神奈川県南東部の市。当時、鎌倉幕府が置かれていた。

うたてき　いやだ。歎かわしい。

ほうぼう　謗法。仏や菩薩、そしてその法を否定すること。

神明　天地の神々。

建長八年　一二五六年。親鸞

（現代語訳）

お手紙に言われていることを詳しく承りました。何にもまして、哀愍房とかいう人が、京都の私から手紙をもらったとか言われているとのこと、本当におかしなことです。まだ会ったこともなく、一度として手紙もいただいていません。また、私の方からお便りしたこともないのに、京都から手紙をもらったと言っているとは、あきれたことです。

　さてまた、慈信房、貴方が説いている教えのありさま、その名目さえ私は聞きも知りもしないことなのに、「慈信一人に、夜、親鸞が教えたのである」と、慈信房自身が人に言っておられるということで、この私に対してまで、常陸・下野の人々はみな口をそろえて、「親鸞が偽りを言った」と申されています。このようなことになっては、もはや父子の関係を保つことはできません。

　また、母の尼についても訳の分からぬ偽りを言い立てておられ、言い表せぬほど情けないことです。みぶの女房が私のもとへやって来て、「慈信房がくださった手紙です」と言って持参した手紙は、そのままここへ置いていったようですので、慈信房の手紙として確かにこちらにあります。その手紙には、何の関係もないことなのに、「継母《ままはは》に言い惑わされている」などと書かれてありますが、これこそは、特にあきれたことです。まったく言うに事欠いて、継母の尼が言い惑わしているなど

八十四歳。

嘉元三年　一三〇五年。

ということ、実に驚くべき虚言です。また、いったいどこから出てきたのかもわからぬようなことをみぶの女房のもとへ手紙に書いていること、思いも及ばぬほどの虚言、実に情けないことだと嘆いています。

このような多くの嘘偽りを言って、六《ろく》波《は》羅《ら》探《たん》題《だい》あたりや鎌倉などに上申なさっているとは、本当に口惜しいことです。もちろんこの程度の偽りは、この世のことですから、何なりともあることでしょう。けれども、それですら偽りを言うのはいやなものです。ましてや、往生極楽という一大事を言い惑わして、常陸・下野の念仏者を迷わし、また、親に対して嘘偽りをなすりつけていること、まことに情けないことです。

阿弥陀仏の第十八の本願をしぼんだ花に譬えて説き、それを聞いた人々は、みなそれぞれに本願を捨ててしまったと聞こえてきますが、これは実にみ教えを謗る罪というものです。あるいはまた、五逆の罪をわざわざ好んで人を損ない、惑わしておられること、まことに悲しいことです。

とくに、同朋を混乱させるという罪は五逆の中の一つです。そして、親鸞が偽りを申したかように触れ回っているのは父を殺すというもの、これも五逆の一つです。これらのことを伝え聞くにつけても、その情けなさはとても言葉では言い表せません。こうなっては、今はもう親であることはできません。貴方を子であると思うこ

第十八の本願　阿弥陀仏が建てた第十八の願。「たとい我、仏を得んに、十方衆生、心を至し信楽して我が国に生まれんと欲うて、乃至十念せん。もし生まれずは、正覚を取らじ。唯五逆と正法を誹謗せんをば除く」。

五逆　恩に逆らい福徳に逆らう五つの大罪。三乗の五逆は①殺父②殺母③殺阿羅漢④破和合僧（僧の和合を破

とも断念しました。仏法僧の三宝と神々にきっぱりと断言しました。悲しいことです。「親鸞が説く本当の教えとは違う」と言って、常陸の念仏者すべてを好んで惑わそうとされていると聞くのは辛いことです。「親鸞が、常陸に住む念仏の人々を損なえと自分に指示したのだ」と鎌倉で陳述したということですが、何ともあきれた嘆かわしいことであります。

五月二十九日　　　在判

同年六月二十七日に到来したもの。

建長八年六月二十七日にこれを注す。

慈信房へ　お返事として

嘉元三年七月二十七日に書写終了。

（要　義）

慈信房善鸞その人に宛て親子の縁を絶つことを通告した、いわゆる「慈信房義絶状」で、唯一、専修寺に残る顕智《けんち》の古写本によって今日に伝わる。親鸞八十四歳の手紙。

父・親鸞より信頼を受けながら、関東同朋教団の統制に焦った善鸞は、やがて親鸞の指示だと偽ってさまざまな虚言を繰り返すようになり、ついには、他力念仏の

る）⑤出仏身血（仏身より血を出す）。大乗の五逆は①寺塔を破壊し経蔵を焼き三宝の財物を盗む②仏の法を誹り聖教を軽んじる③僧侶を罵り責め使う④小乗の五逆に同じ⑤因果を否定し十悪（殺生・偸盗・邪婬・妄語・両舌・悪口・綺語・貪欲・瞋恚・愚痴）を犯す。

三宝　仏教徒が帰依する三つの宝。仏（さとり）・法（教え）・僧（さとりを目指す人）のこと。

根本である第十八願までも「しぼめるはなにたとえて」捨てしめたという。親鸞のもとへは、事の真偽を質《ただ》すべく、門弟よりの手紙が相次いだことであろう。中には、はるばる十余ケ国の境を越えて上洛した者もあったに相違ない。『歎異抄』第二条に語られる数人の門弟との緊迫した対話も、おそらくこの事件を背景にしたものであったかと窺われる。

ここに至り、親鸞は事態を収拾するため、「今は父子のぎはあるべからずそうろう」という悲しみの決断を下したのであった。

第二通　この御ふみどもの様

（本　文）

*この御ふみどもの様、くわしくみそうろう。またさては慈信《じしん》が法文の様ゆえに、常陸・下野の人々、念仏もうさせたまいそうろうことの、としごろうけたまわりたる様には、みなかわりおうておわしますときこえそうろう。かえすがえすこころうくあさましくおぼえ候。としごろ往生を一定《いちじょう》とおおせられそうろう人々、慈信とおなじ様に、そらごとをみなそうらいけるを、としごろふかくたのみまいらせてそうらいけること、かえすがえすあさましうそうろう。そのゆえは、往生の信心ともうすことは、一念もうたがうことのそうらわぬをこそ、

＊　『血脈文集』第二通には冒頭に「一」とある。

慈信　慈信房善鸞。親鸞の息男。

常陸　現在の茨城県の大部分。

下野　現在の栃木県。

こころうく〜としごろ　恵空書写本によって補った。

往生一定とはおもいてそうらえ。光明寺《こうみょうじ》の和尚《かしょう》の、信の様をおしえさせたまいそうろうには、「まことの信をさだめられてのちには、弥陀のごとくの仏、釈迦のごとくの仏、そらにみちみちて、釈迦のおしえ、弥陀の本願はひがごとなりとおおせらるとも、一念もうたがいあるべからず」とこそうけたまわりてそうらえば、その様をこそ、としごろもうしてそうろうに、慈信ほどのもののもうすことに、常陸・下野の念仏者の、みな御こころどものうかれて、はてはさしもたしかなる証文を、ちからをつくしてかずあまたかきてまいらせてそうらえば、それをみなすておうておわしましそうろうときこえそうらえば、ともかくももうすにおよばずそうろう。まず慈信がもうしそうろう法文の様、名目《みょうもく》をもきかず、いわんやならいたることもそうらわねば、慈信にひそかにおしうべき様もそうらわず。またよるもひるも慈信一人に、人にはかくして法文おしえたることそうらわず。もしこのこと慈信にもうしながら、そらごとをもうしかくして、人にもしらせずしておしえたることそうらわば、三宝を本として、三界の諸天・善神、四海の龍神八部、閻魔王界の神祇冥道《みょうどう》の罰を親鸞が身にことごとくかぶりそうろうべし。自今已後は慈信においては子の儀おもいきりてそうろうなり。世間のことにも、不可思議のそらごと、もうすかぎりなきことどもをもうしひろめてそうらえば、出世のみにあらず、世間のことにおきても、おそろしきもうしごとどもかずかぎりなくそうろうなり。なかにも、この法文の様ききそうろうに、こころもおよばぬもうしごとにてそうろう。つやつや親鸞が身には、ききもせずならわぬことにてそうろう。かえすがえすあさましうこころうくそうろう。弥陀の本願をすてまいらせてそうろうことに、人々のつきて、親鸞をもそらごともうしたるものになしてそうろう。こころうく、うたてきことにそうろう。おおかたは『唯信抄』・『自力他力の文』・『後世《ごせ》ものがたりのききがき』・『一念多念の証文』・『唯信鈔の文意』・『一念多念の文意』、これらを御覧じながら、慈信が法文によ

光明寺の和尚　善導（六一三〜六八一）のこと。七高僧の第五祖。中国唐代の浄土教の祖師。長安の光明寺に居住し念仏弘通につとめたので、このように呼ばれる。

まことの〜べからず　善導の『観経疏』「散善義」には、「たとい化仏・報仏、もしは一、もしは多、乃至、十方に遍満して、おのおの光を輝かし、舌を吐きてあまねく十方に覆いて、一々に説きてのたまわく、『釈迦の所説に、あい讃めて一切の凡夫を勧発して、専心に念仏し、および余善を修して、回願すればかの浄土に生ずることを得というは、これはこれ虚妄なり、さだめてこの事なし』と。われこれらの諸仏の所説を聞くといえども、畢竟じて、一念疑退の心を起してかの仏国に生ずることを得ざらんと畏れず」と見える。

りて、おおくの念仏者達の弥陀の本願をすてまいらせおうてそうろうらんこと、もうすばかりなくそうらえば、かようの御ふみども、これよりのちにはおおせらるべからずそうろう。また『真宗のききがき』、性信房《しょうしんぼう》のかかせたまいたるは、すこしもこれにもうしてそうろう様にたがわずそうらえば、うれしうそうろう。『真宗のききがき』一帖はこれにとどめおきてそうろう。また哀愍房《あいみんぼう》とかやの、いまだみもせずそうろう。またふみ一度もまいらせたることもなし、くによりもふみたびたることもなし。親鸞がふみをえたるともうしそうろうなるは、おそろしきことなり。この『唯信鈔』、かきたる様あさましうそうらえば、火にやきそうろうべし。かえすがえすこころうくそうろう。このふみを人々にもみせさせたまうべし。あなかしこあなかしこ。

五月廿九日　親鸞

性信房御返事

（追伸）

なおなおよくよく念仏者達の信心は一定とそうらいしことは、みな御そらごとどもにてそうらいけり。これほどに第十八の本願をすてまいらせおうてそうろう人々の御ことばをたのみまいらせて、としごろそうらいけるこそ、あさましうそうろう。このふみをかくさるべきことならねば、よくよく人々にみせもうしたまうべし。

（現代語訳）

いただいた数通のお手紙に書かれていたことを詳しく拝見しました。さて、慈信が説く教えのありさまのせいで、常陸・下野の人々の念仏申される様子が、数年来

三界の諸天・善神　三界とは迷いの衆生が流転する欲界・色界・無色界のこと。欲界は食欲・性欲・睡眠欲をもつものが住む世界、色界はこうした欲望のない清浄な物質からなる世界、無色界はそうした物質をも超えた精神の世界をいう。その三界に住む神々のこと。

四海の龍神八部　須弥山をとりまく四方の海に住む八部衆（天・竜・夜叉・乾闥婆・阿修羅・迦楼羅・緊那羅・摩睺羅迦）。古代インドの邪神であったが、釈尊に教化されて仏法の守護に当たった。

閻魔王界の神祇冥道　閻魔はもとインドの古代神話の神であったが、転じて冥界の支配者として死者の生前の行為に従い賞罰を司る神となった。その閻魔が支配する世界の神々。

世間　衆生の生活する境界。

承ってきたのとはすっかり変わってしまったと聞いています。返す返す情けなく、嘆かわしく思います。長年、往生は確かだとおっしゃっていた人々が、実は慈信と同じように偽りごとを申されていたのに、それとも知らず、年来、深く頼みとしていましたこと、つくづく情けなく思っています。

というのも、往生の信心というのは、露ほども疑う心のないことを言うのであって、それこそを往生が確かに定まったと言うのであると思うからです。光明寺の善導和尚が信心の趣をお教えくださいますのに、「真実の信心を定められたのちには、たとえ弥陀の如くの仏や釈迦の如くの仏が空中に満ちあふれて、釈迦の教えも弥陀の本願も偽りであると言われたとしても、露ばかりも本願を疑ってはならない」とあるのを承っていますので、私もその趣を年来申してきました。それなのに、慈信のようなものの申すことに、常陸・下野の念仏の方がたはすっかりお心を揺るがせてしまい、果ては、あれほどまでに確かな証拠の書物を力を尽くして何部も書き写して送りましたのに、それをみなそろって捨てておられるというのですから、何とも申し上げることができません。

まず何よりも、慈信が説いている教えのありさま、私はその名目すら聞いたことがありません。ましてやそんなものを習ったこともないのですから、慈信にこっそりと教えることのできるわけがありません。また、夜であれ、昼であれ、慈信一人

出世　世俗を超えた仏の境界。

『自力他力の文』　『自力他力事』（一巻）のこと。法然門下の長楽寺隆寛（一一四八～一二二七）の著で、念仏の行について自力・他力を批判した書。

『後世ものがたりのききがき』　『後世物語聞書』（一巻）。隆寛の著とされ、問答形式で念仏往生の要旨が簡略にまとめてある。

『一念多念の証文』　隆寛著『一念多念分別事』（一巻）のこと。法然門下の一念往生・多念往生の論争を批判し、一念・多念いずれにも偏してはならないと論す。

『唯信鈔の文意』　『唯信鈔文意』（一巻）。親鸞が『唯信鈔』に引かれる要文を解釈し、人びとに心得やすくした書。

『一念多念の文意』　『一念多念文意』（一巻）。親鸞が

だけに、人には隠してみ教えを伝えたこともありません。もし、本当は秘密の教えを慈信に伝えながら、偽りを言って事実を隠し、人に知らせないようにして教えたことがあるのなら、仏法僧の三宝を初めとして三界の諸天・善神、四海の龍神八部、閻魔王界などの天地の神々や冥界《めいかい》の神々の下される罰を、親鸞がこの身に悉《ことごと》く被りましょう。

　これより後は、慈信については私の子であるということを断念しました。世俗に関わることについても、思いもよらない嘘偽りや言うに及ばぬことなどを吹聴していますので、仏法に関することのみならず、世間的なことに関しても恐ろしいまでの主張が数限りなくまかり通っているのです。中でも、この慈信の唱える教えのありさまを聞いたところ、思いもよらない主張であって、私、親鸞にとっては、まったく聞いたことも習ったこともないものでした。返す返す、あきれた情けないことです。弥陀の本願を捨てた慈信の教えに人々がつき従って、親鸞まで偽りを申したものに仕立てあげてしまったこと、実に情けなく、嘆かわしいことです。

　おそらくは、『唯信抄』・『自力他力事《じりきたりきのこと》』・『後世物語聞書』・『一念多念分別事《いちねんたねんふんべつじ》』・『唯信鈔文意』・『一念多念文意』、これらの書物をご覧になりながら、慈信の教えに惑わされて、多くの念仏者たちがそろって弥陀の本願を捨てているようなことでしょう。何とも言いようのないことです。このような状況ですから、これらの書物に

「一念多念分別事」に引かれる要文を抄出して、解釈を加えた書。

『真宗のききがき』　高田専修寺所蔵の『真宗聞書』のことと思われる。

性信房　『親鸞門弟交名牒』に「性信　下総国飯沼」とある。横曽根門徒を形成し、のち坂東報恩寺を開く。寺伝によれば、俗名は大中臣与四郎と称し、建治元年（一二七五）八十九歳で示寂。親鸞自筆の『教行証文類』は貴重な草稿本として同寺に伝えられてきた。

哀愍房　不詳。

この『唯信鈔』　哀愍房が書いたと思われる『唯信鈔』。

三宝　仏教徒が帰依する三つの宝。仏（さとり）・法（教え）・僧（さとりを目指す人）のこと。

『唯信抄』　一巻。法然の滅後九年（一二二一）、安居

ついては、今後はお話しになるべきではありません。
それから、『真宗の聞書』という性信房のお書きになったもの、これは私の申していることと少しも異なってはいませんので、嬉しく思います。お送りくださったこの『真宗の聞書』一帖は、こちらに頂いておきます。
また、哀愍房とかいう人にはいまだ会ったこともありません。手紙を差し上げたことも一度としてありませんし、あちらから頂いたこともありません。親鸞から手紙をもらったと言っているそうですが、とんでもないことです。哀愍房が書いたとかいうこの『唯信鈔』は、書いてあることもあきれるほどですから、火に焼いてしまいます。返す返すも遺憾に思います。この手紙を人々にもお見せになってください。あなかしこあなかしこ。

五月二十九日　　　　　　　　　　　　　　　　親鸞

性信房へ　お返事として

（追伸）
なおまた、念仏の方がたが、信心は確かなものであると言っていたのは、すべて偽りごとでした。これほどまでに第十八の本願を捨ててしまっている人々のお言葉を、年来、信頼していたことを情けなく思います。この手紙は隠す必要のないものですから、よくよく他の人々にもお見せになってください。

院の聖覚（一一六七～一二三五）によって著された。『選択集』に基づき、浄土の教えはただ信心を肝要とすることを述べる。

第十八の本願　阿弥陀仏が建てた第十八の願。「たとい我、仏を得んに、十方衆生、心を至し信楽して我が国に生まれんと欲うて、乃至十念せん。もし生まれずは、正覚を取らじ。唯五逆と正法を誹謗せんをば除く」。

（要　義）

慈信房善鸞の画策により関東の同朋が惑乱されたことを痛み、その善鸞を義絶したことを同朋に通知する手紙。関東教団の長老であった性信房に宛て、「慈信房義絶状」（本書第二十通）と同日に書かれたもの。

善鸞が主唱した異義については、その内容を窺うための史料が乏しく、研究者によってさまざまな解釈がなされている。その数少ない史料の一つである本通及び「義絶状」からは、善鸞が父・親鸞よりの口授密伝《くじゅみつでん》を強調したこと、第十八願の法義を軽んじ否定したこと、この二つが知られるばかりである。

また、本願寺三世である覚如《かくにょ》（一二七〇～一三五一）の行実を伝えた、従覚《じゅうかく》の『慕帰絵詞《ぼきえことば》』（一三五一年撰）や乗専《じょうせん》の『最須敬重絵詞《さいしゅきょうじゅうえことば》』（一三五二年撰）には、晩年の善鸞が神子・巫女たちと親交し、正応三年（一二九〇）、東国巡見中の覚如の急病に際し、病気平癒のためにと称して護符を与えたという話を載せる。東下した善鸞が主として居住したと見られる奥郡《おうぐん》（茨城県北部）の一帯は、古くより修験道や陰陽道が隠然たる勢力を持つ、密教的色彩の濃厚な地方であった。あるいは、そういった地理的条件にいつしか飲みこまれていったものであろうか、義絶後三十余年、現世祈祷を否定する立場に立つ浄土真宗にとって、あまりにもつらい結末である。

第二二通　また五説というは

（本　文）

また五説というは、よろずの経をとかれ候に、五種にはすぎず候なり。一には仏説、二には聖弟子の説、三には天仙の説、四には鬼神の説、五には変化《へんげ》の説といえり。このいつつのなかに、仏説をもちいてかみの四種をたのむべからず候。この三部経は釈迦如来の自説にてましますとしるべしとなり。四土というは、一には法身《ほっしん》の土、二には報身《ほうじん》の土、三には応身の土、四には化土なり。いまこの安楽浄土は報土なり。三身というは、一には法身、二には報身、三には応身なり。いまこの弥陀如来は報身如来なり。三宝というは、一には仏宝、二には法宝、三には僧宝なり。いまこの浄土宗は仏宝なり。四乗というは、一には仏乗、二には菩薩乗、三には縁覚乗、四には声聞乗なり。いまこの浄土宗は菩薩乗なり。二教というは、一には頓教、二には漸教なり。いまこの教は頓教なり。二蔵というは、一には菩薩蔵、二には声聞蔵なり。いまこの教は菩薩蔵なり。二道というは、一には難行道、二には易行道なり。いまこの浄土宗は易行道なり。二行というは、一には正行、二には雑行なり。いまこの浄土宗は正行を本とするなり。二超というは、一には竪超《しゅちょう》、二には横超《おうちょう》なり。いまこの浄土宗は横超なり。竪超は聖道自力なり。二縁というは、一には無縁、二には有縁なり。いまこの浄土は有縁の教なり。二住というは、一には正住、二には不住なり。いまこの浄土教は、法滅百歳まで住したまいて、有情を利益したまうとなり。不住は聖道諸善なり、諸善はみな龍宮へかくれいりたまいぬるなり。思不思というは、思不思議《（ママ）》の法は聖道八万四千の諸善なり。

化土　仏が衆生教化のために仏以外のすがたをとって示す世界。

浄土宗　往生浄土を目指す仏道。

法滅百歳　仏の教法が滅した後の百年間。『無量寿経』（下巻）に「特にこの経を留めて止住すること百歳せん」とあり、その間『無量寿経』のみ存するという。

有情　情識（こころ）を有するもの。生きとし生けるもの。旧訳では衆生、新訳では有情と訳す。

八万四千　数量の多いことをあらわす表現。

閏三月　親鸞帰洛後、閏月が三月なのは正嘉元年（一二五七）。親鸞八十五歳。

不思というは浄土の教は不可思議の教法なり。これらはかようにしるしもうしたり。よくしれらんひとにたずねもうしたまうべし。またくわしくはこのふみにてもうすべくも候わず。目もみえず候。なにごともみなわすれて候うえに、ひとなどにあきらかにもうすべき身にもあらず候。よくよく浄土の学生《がくしょう》にといもうしたまうべし。あなかしこあなかしこ。

閏《うるう》三月二日　　親鸞

（現代語訳）

五説というのは、すべての経典を、説かれた人によって分類したもので、五種を過ぎるものではない。一つには仏の説、二つには聖弟子の説、三つには天仙の説、四つには鬼神の説、五つには変化の説と言われている。この五つの中では、仏の説を用いるべきで、あとの四種を頼みとしてはならない。そして、この浄土三部経は、釈迦如来が自ら進んで説かれたものだと心得ねばならないと言われている。四土というのは、一つには法身の国土、二つには報身の国土、三つには応身の国土、四つには化身の国土で、今のこの安楽浄土は報身の国土、すなわち報土である。三身というのは、一つには法身、二つには報身、三つには応身で、今のこの弥陀如来は報身如来である。三宝というのは、一つには仏宝、二つには法宝、三つには僧宝で、今のこの浄土の教えにおいては、仏宝を中心とする。四乗というのは、一つには仏乗、二つには菩薩乗、三つには縁覚乗、四つには声聞乗で、今のこの浄土の教えは

仏　ここでは釈尊を指す。
聖弟子　釈尊のすぐれた弟子。
天仙　天人や仙人。
鬼神　超人的自在力を有するもの。
変化　仏・菩薩が姿をかくして、仮にあらわれたもの。
三部経　三部の経典。ここでは浄土のよりどころとなる根本の三部の経典。『無量寿経』・『観無量寿経』・『阿弥陀経』。
釈迦如来　紀元前六～五世紀の誕生。釈迦族出身の聖者。仏教の開祖。没後、そのさとりの内容の研究が進むにつれ、歴史上実在した人物から真理そのものと理解されるようになっていった。
法身　色や形を超えた絶対の真理そのものである仏身。
報身　願行の因に報いて得られた仏身。
応身　衆生の性質・能力に応じてかりに現れた仏身。
安楽浄土　心を楽しく安らか

菩薩乗である。二教というのは、一つには頓教、二つには漸教で、今のこの浄土の教えは頓教である。二蔵というのは、一つには菩薩蔵、二つには声聞蔵で、今のこの浄土の教えは菩薩蔵である。二道というのは、一つには難行道、二つには易行道で、今のこの浄土の教えは易行道である。二行というのは、一つには正行、二つには雑行で、今のこの浄土の教えにおいては、正行を根本とする。二超というのは、一つには竪超、二つには横超で、今のこの浄土の教えは横超である。竪超とは、聖道自力の教えを言う。二縁というのは、一つには無縁、二つには有縁で、今のこの浄土の教えは、何人《なんぴと》にも有縁の教えである。二住というのは、一つには正住、二つには不住で、今のこの浄土の教えは、仏法が滅びた後も百年の間とどまり、人々に救いの恵みを与えてくださると言われている。不住とは諸々の善を行う聖道の教えで、これらの教えは、仏法が滅びるときにすべて龍宮へ隠れてしまうのである。思・不思というのは、思議し得る教えとはあらゆる聖道の教えのことである。そして不思というのは浄土の教え、これは我々には思いはかることのできない教えである。

　以上、一通りこのように記しました。どうかこの他のことは、よく知っている人々にお尋ねください。また、詳しいことはこの手紙で申し上げることもできません。目もうすくなりました。何ごともみな忘れてしまいました上に、人さまに明瞭

にさせる阿弥陀仏の国土。

弥陀如来　阿弥陀如来。真宗の本尊。念仏の行者を摂取して捨てない救済仏。

三宝　仏教徒が帰依する三つの宝。仏（さとり）・法（教え）・僧（さとりを目指す人）のこと。

仏乗　すべての衆生が等しくさとりに至る教え。

菩薩乗　衆生をさとりに至らせることを目指す者の修める教え。

縁覚乗　独り縁起の法を観じて、自らのさとりを目指す者の修める教え。

声聞乗　釈尊の教えを聞いて、自らのさとりを目指す者の修める教え。

頓教　すみやかにさとりに至る教え。

漸教　漸次に段階を経てさとりに至る教え。

菩薩蔵　衆生をさとりに至らせることを目指す者に示された経典群。

に申し上げることのできる身でもありません。どうぞ、十分に浄土の学者にお尋ねになってください。あなかしこあなかしこ。

閏三月二日　　　　　　　　　　親鸞

〔要　義〕

五説・四土・三身など、仏教における十三の重要な名目《みょうもく》を並べ説いたもので、これらの名目についての註釈を求めた者への返書と見られる。

ここに載せる名目の解説は、『西方指南抄』下本に収録される法然の法語、「浄土宗の大意」の註釈と考えられる。「浄土宗の大意」では、本通の十三の名目のうち、難行・易行の二道を除く（「浄土宗の大意」では、初めに聖道・浄土の二門として出る）十二の名目が同じ順番で記されており、これによって、仏教の中における浄土宗の特色と位置づけとを簡潔に示そうとするものである。

ところで、四乗とは声聞乗・縁覚乗・菩薩乗・仏乗の四つであるが、法然がその中、浄土宗は仏乗であるとしたのに対し、本通で親鸞は菩薩乗とする。『教行証文類』「行巻」には、「大乗は二乗・三乗あることなし。…ただこれ誓願一仏乗なり」という言葉があり、そこにおいて、親鸞は本願法を唯一絶対の仏乗と説いている。しかしながら、ここで菩薩乗とするのはなぜか、古来より問題とされる点である。

声聞蔵　自らのさとりを目指す者に示された経典群。
難行道　自分の力をたのみはげまして不退転の位に至ろうとする仏道。極めて行じ難いことから言う。
易行道　阿弥陀如来の本願のはたらきによって不退転の位に至る仏道。我々の努力を必要としないので易行と言われる。
正行　阿弥陀仏の浄土に往生するための正しい行。善導は、阿弥陀仏とその浄土に関する①読誦②観察③礼拝④称名⑤讃歎供養を五正行とした（『観経疏』「散善義」）。
雑行　往生浄土には関係のないさまざまな行。
竪超　自らの努力によって横さまに迷いの世界を超える道。華厳・天台・真言・禅宗などを指す。
横超　阿弥陀仏の本願のはたらきによって横さまに迷い

自力を励ましてこの土で仏になろうとする聖道門の教えとは違い、浄土門では、成仏は浄土において証せられるものである。仏の本願を受け容れたそのときに往生成仏は定まるが、この土にある限り、念仏者は往生成仏の定まった因の位の菩薩である。究極的には仏乗であるにもかかわらず、あえて菩薩乗と言うことによって、聖道の教えとの違いをそこに示そうとしたのであろうか。

後付けの「閏三月」との記述により、この手紙が正嘉元年（一二五七）、親鸞八十五歳のものであることがわかる。この前年の五月には息男・慈信坊善鸞を義絶し、その悲しみの中、自らの信仰を見つめ直すかのように、師・法然の法語等を採り集めて『西方指南抄』が編纂された。また、その他にも多くの著書・書写がこの時期に書かれており、当時、親鸞の生活は多忙を極めていたと思われる。法のため、同朋のために、その老いた身を削って精力的に筆を走らせる親鸞であったが、この手紙の最後に、「目もみえず候。なにごともみなわすれて候…」と、ふと、自らの老いの衰えを漏らす。ほの暗い灯火のもと、独り静かに筆を置く親鸞の長い嘆息が聞こえてくるようである。

の世界を超える道。

聖道自力　自分の努力によってこの世で聖者の位に入り仏果を得ることを目指す仏道。

無縁　我々には適さない。

有縁　我々に相応しい。

正住　とどまる。

不住　消滅する。

龍宮　龍王の住む宮殿。『摩訶摩耶経』に、すべての塔寺が破壊され僧が殺害されて、一切の経典がことごとく流れ移って鳩尸那竭国に至るとき、阿耨達龍王がその経をたずさえて海に入った、ここにおいて仏法は滅尽するとある。

第二三通　武蔵よりとて

（本　文）

*武蔵よりとて、しむの入道どののともうす人と、正念房《しょうねんぼう》ともうす人の王番にのぼらせたまいてそうろうとておわしましてそうろう。みまいらせてそうろう。御念仏の御こころざしおわしますとそうらえば、ことにうれしうめでとうおぼえそうろう。御すすめとそうろう。かえすがえすうれしうあわれにそうろう。なおなお、よくよくすすめまいらせて、信心かわらぬ様に人々にもうさせたまうべし。如来の御ちかいのうえに、釈尊の御ことなり。また十方恒沙の諸仏の御証誠なり。信心はかわらじとおもいそうらえども、様々にかわりあわせたまいてそうろうこと、ことになげきおもいそうろう、よくよくすすめまいらせたまうべくそうろう。あなかしこあなかしこ。

九月七日　　親鸞

性信《しょうしん》御房

（追伸）

念仏のあいだのことゆえに、御沙汰どもの様々にきこえそうろうに、こころやすくならせたまいてそうろうと、この人々の御ものがたりそうらえば、ことにめでとううれしうそうろう。なにごともなにごとももうしつくしがたくそうろう。いのちそうらわば、またまたもうしそうろうべくそうろう。

＊　『血脈文集』第四通には冒頭に「一」とある。

武蔵　現在の東京都・埼玉県と神奈川県の一部。

しむの入道　不詳。恵空書写本には「しむしの入道」とある。

正念房　不詳。

王番　京都大番役。各地より上洛して、内裏・院御所諸門の警固にあたる。

如来の御ちかい　ここでは阿弥陀如来の誓願のこと。

釈尊の御こと　弥陀の本願を信ずるよう勧める釈尊の言葉。

十方恒沙　十方は東西南北とその中間の八方に上下を加え、あらゆる方角を表す。恒沙はガンジス河の砂の数のことで、数えきれない程に多いことを言う。

証誠　弥陀の本願が真実であると証明すること。

〔現代語訳〕

しむの入道殿という人と正念房という人とが、大番役のために武蔵の国から上洛されたということで、私のところへお立ち寄りくださったのでお会いいたしました。お念仏のお志があると言われ、とりわけ嬉しく結構なことに存じます。貴方のお勧めとうかがいました。返す返すも嬉しくありがたいことです。ますますよく念仏をお勧めになられ、信心の変わらぬよう、人々にお説きください。念仏往生は阿弥陀如来のお誓いであるうえに、釈尊のお勧めのお言葉もあり、さらには、あらゆる世界の数限りない諸仏が証明してくださることなのです。方がたの信心は変わるまいと思っていましたのに、それぞれさまざまに変わってしまわれたことを、格別、悲しく思うことです。どうか、よくよくお勧めくださいますように。あなかしこあなかしこ。

九月七日　　　　　　　　親鸞

性信御房

（追伸）

念仏に関することのために、対処しなければならないことなど、いろいろと聞こえていましたが、今は貴方も落ち着かれたということをこのお二人がお話しくださいましたので、とりわけめでたく嬉しく思います。何もかも、申し尽くすことはで

性信　『親鸞門弟交名牒』に「性信　下総国飯沼」とある。横曽根門徒を形成し、のち坂東報恩寺を開く。寺伝によれば、俗名は大中臣与四郎と称し、建治元年（一二七五）八十九歳で示寂。親鸞自筆の『教行証文類』は貴重な草稿本として同寺に伝えられてきた。

御沙汰ども　処理すべき事々。

こころやすく　安心で。気楽な。

きません。私の命がありましたなら、また次の機会に申し上げることとしましょう。

（要　義）

関東より上洛した二人の念仏者の訪問を喜び、彼らを導いたという性信坊に宛て、東国における一層の念仏勧進を願う手紙。

親鸞が去ったあとの東国の念仏者たちは、文書による親鸞の教化を仰ぎ、時に京洛を訪れつつ、直弟の長老たちを中心に念仏の法統を伝えていた。その後、親鸞が没し、曾孫・覚如《かくにょ》（一二七〇～一三五一）の頃になると、東国と京都との地理的な遠隔、時間の経過による直弟の自然減少といった理由などのため、次第に独立的傾向を示すようになり、やがて東国各地の門弟たちは、各地方の名前を冠して「〇〇門徒」と呼ばれるようになる。その中、指導者及び後継者にも恵まれた有力門徒が、下野国高田（現・栃木県芳賀《はが》郡二宮町）を中心地とする高田門徒、下総国横曾根（現・茨城県水海道《みつかいどう》市）を中心地とする横曾根門徒、常陸国鹿島（現・茨城県鹿島郡）を中心地とする鹿島門徒、奥州大網（現・福島県石川郡古殿《ふるどの》町、あるいは西白河郡泉崎《いずみざき》村とも）を中心地とする大網門徒の四つである。本通を収める書簡集『親鸞聖人血脈文集』は、性信坊を中心とする横曾根門徒によって、その正統性を主張すべく編纂されたものである。

やがてこれらの門徒群は、それぞれの社会的・経済的基盤を背景に、東国各地はもとより広く東海・北陸へと教線を展開して行く。

第二四通　たずねおおせられて候

（本　文）

たずねおおせられて候摂取不捨の事は、『般舟三昧《はんじゅさんまい》行道往生讃』と申におおせられて候を、みまいらせ候えば、「釈迦如来・弥陀仏、われらが慈悲の父母にて、さまざまの方便にて、我等が無上信心をば、ひらきおこさせ給」と候えば、まことの信心のさだまる事は、釈迦・弥陀の御はからいとみえて候。往生の心うたがいなくなり候は、摂取せられまいらするゆえとみえて候。摂取のうえには、ともかくも行者のはからいあるべからず候。浄土へ往生するまでは、不退のくらいにておわしまし候えば、正定聚のくらいとなづけておわします事にて候なり。まことの信心をば、釈迦如来・弥陀如来二尊の御はからいにて、発起せしめ給候とみえて候えば、信心のさだまると申は、摂取にあずかる時にて候なり。そののちは正定聚のくらいにて、まことに浄土へむまるるまでは候べしとみえ候なり。ともかくも行者のはからいを、ちりばかりもあるべからず候えばこそ、他力と申事にて候え。あなかしこあなかしこ。

十月六日　　親鸞（花押）

しのぶの御房の御返事

釈迦如来〜おこさせ給　善導の『般舟讃』には、「釈迦如来は実にこれ慈悲の父母なり。種々の方便をもってわれらが無上の信心を発起せしめたまう」と見える。

方便　衆生を教え導く巧みな手立て。

無上信心　本願を信じ疑わない心。この上ない如来の本願のはたらきによって衆生に与えられる心であることから言う。

不退のくらい　仏道修行ですでに得た境地を失わない位。

正定聚のくらい　往生が正しく定まり、必ずさとりをひ

（現代語訳）

お尋ねになられた摂取不捨のことは、『般舟三昧行道往生讃』という書物に説かれているのを拝見しますと、「釈迦如来と弥陀仏とは我々にとっての慈悲の父母であり、さまざまな手立てを尽くして、我々にこの上ない信心を開き起こしてくださるのである」とありますので、私たちに真実の信心が定まることは、釈迦・弥陀の御はからいによるものだとうかがわれます。往生することについて心に疑いがなくなるのは、弥陀によって摂め取られるからだと思われます。摂取していただくのですから、なんであれ、行者のはからいをそこに差しはさんではなりません。そして浄土へ往生を遂げるまで、決してその境地から退くことがないのですから、それを正定聚の位と名づけておられるのです。真実の信心というものは、釈迦如来・弥陀如来二尊の御はからいによって起こしていただくのだと書かれていることからしますと、信心が定まるというのは、摂取にあずかるときのことなのです。そののちは正定聚の位にあって、本当に浄土へ生まれるまでは、その位にあり続けるのだろうと思われます。ともあれ、行者のはからいをいささかたりとも雑《まじ》えてはならないからこそ、他力と申すのであります。あなかしこあなかしこ。

十月六日　　親鸞（花押）

しのぶの御房へ　お返事として

らくことのできるともがら。

しのぶの御房　『末灯鈔』第十三通には「真仏御房」とある。高田専修寺開基の真仏のことか。

摂取不捨　摂め取って捨てないはたらき。

『般舟三昧行道往生讃』　一巻。善導の著。略して『般舟讃』と言う。『観無量寿経』によって浄土の荘厳を讃嘆し、往生浄土を願う心境を讃偈にあらわした。

慈悲　慈は衆生をいつくしんで楽を与えること。悲は衆生をあわれみいたんで苦を抜くこと。抜苦を慈、与楽を悲ともする。

（要　義）

摂取不捨についての教示を請うた「しのぶの御坊」に対し、善導の『般舟讃』の文を引用して、信心も摂取も仏のはからいであることを述べた返書。専修寺に真蹟が残る。

善導『般舟讃』の原文では「釈迦如来は実にこれ慈悲の父母なり、種々の方便をもって我等が無上の信心を発起せしめたまえり」とあって、釈迦如来のみをあげるが、本通ではそれを「釈迦如来・弥陀仏」の二尊として引用している。このことは本通の他、『高僧和讃』・『唯信鈔文意』でも同様である。一つには「慈悲の父母」という述語に呼応させるためでもあっただろうし、あるいはまた、親鸞においては、阿弥陀仏は釈迦を始めとする諸仏の本仏であった。釈迦も諸仏も、阿弥陀仏の念仏往生の意を負うて出現し、念仏往生を説き勧めるのである。釈迦のはたらきの背後には、必ず弥陀の慈悲が存在する。その意を込めての加筆であったとも考えられまいか。

なお、真蹟本の宛て名は「志のふの御坊」となっているものの、そこには明らかな改竄《かいざん》の跡が見られる。『末灯鈔』所収のものは「真仏御坊」となっており、もとは「しんふつ（の）御坊」となっていたとする説もある。

第二五通　信心をえたるひとは

（本　文）

信心をえたるひとは、かならず正定聚のくらいに住するがゆえに等正覚のくらいともうすなり。『大無量寿経』には、摂取不捨の利益にさだまるものを正定聚となづけ、『無量寿如来会』には等正覚とときたまえり。その名こそかわりたれども、正定聚・等正覚はひとつこころひとつくらいなり。等正覚ともうすくらいは補処《ふしょ》の弥勒とおなじくらいなり。弥勒とおなじく、このたび無上覚にいたるべきゆえに、弥勒におなじとときたまえり。さて『大経』には「次如弥勒《しにょみろく》」とはもうすなり。弥勒はすでに仏にちかくましませば、弥勒仏と諸宗のならいはもうすなり。しかれば弥勒におなじくらいなれば、正定聚のひとは如来とひとしともうすなり。浄土の真実信心のひとは、この身こそあさましき不浄造悪の身なれども、こころはすでに如来とひとしければ、如来とひとしともうすこともあるべしとしらせたまえ。弥勒すでに無上覚にその心さだまりて、あるべきにならせたまうによりて、三会《さんね》のあかつきともうすなり。浄土真実のひとも、このこころをこころうべきなり。光明寺の和尚《かしょう》の『般舟《はんじゅ》讃《さん》』には、「信心のひとはその心すでにつねに浄土に居す」と釈したまえり。居すというは、浄土に信心のひとのこころつねにいたりというこころなり。これは弥勒とおなじということをもうすなり。これは等正覚を弥勒とおなじともうすによりて、信心のひとは如来とひとしともうすこころなり。

正嘉元年丁巳十月十日　　親鸞

正定聚のくらい　往生が正しく定まり、必ずさとりをひらくことのできるともがら。

等正覚のくらい　旧訳では仏、新訳では最高位の菩薩のこと。ここでは新訳の意。

補処の弥勒　補処とは仏の位を補う候補者の意。弥勒は釈尊滅後五十六億七千万年後にこの世でさとりを開いて釈迦如来の跡を継ぐと言われている。

無上覚　この上ない最高のさとり。仏果。

三会のあかつき　この世に下生した弥勒が、竜華樹の下でさとりをひらき、衆生のために説法する三度の会座。

光明寺の和尚　善導（六一三〜六八一）のこと。七高僧

性信《しょうしん》御房

（現代語訳）

信心を得た人は、覚りを得ることの確定した正定聚という位に必ず即《つ》く。そこでまた、その位は、覚りに極めて近い等正覚の位とも言われるのである。『大無量寿経』には、弥陀によって摂め取られ、捨てられることのないお恵みに与《あず》かったものを正定聚と名づけており、一方、異訳の『無量寿如来会』では等正覚と説いておられる。その名前こそ変わっているが、正定聚と等正覚は同じ意味、同じ位である。等正覚という位は、次の生に仏になることの決まっている弥勒菩薩と同じ位である。信心を得た人は、弥勒菩薩と同じく、この度の生を終えてただちにこの上ない覚りに至ることになっているので、弥勒と同じであると説かれるのである。

さて、『大無量寿経』には、「次如弥勒（仏に次ぐ位にあることは弥勒と同じである）」と言われている。弥勒菩薩はすでに仏に極めて近い境地におられるので、諸宗派では弥勒仏と言い習わしている。それゆえ、正定聚の人が弥勒と同じ位であることからすれば、その人は如来と等しいとも言えるのである。浄土の真実の信心を得た人は、この身こそ甚だしい濁りと邪悪に満ちた身ではあるけれども、心はもはや如来と等しいのであるから、その意味で如来に等しいと言うこともできるのだと

の第五祖。中国唐代の浄土教の祖師。長安の光明寺に居住し念仏弘通につとめたので、このように呼ばれる。

信心のひと～浄土に居す　『般舟讃』「後述」には、「欣えばすなわち浄土つねに居す」と見える。

正嘉元年　一二五七年。親鸞八十五歳。

性信　『親鸞門弟交名牒』に「性信　下総国飯沼」とある。横曽根門徒を形成し、のち坂東報恩寺を開く。寺伝によれば、俗名は大中臣与四郎と称し、建治元年（一二七五）八十九歳で示寂。親鸞自筆の『教行証文類』は貴重な草稿本として同寺に伝えられてきた。

『大無量寿経』　『仏説無量寿経』二巻。曹魏の康僧鎧訳。巻上には弥陀浄土の因果、巻下には衆生往生の因果を明かす。親鸞は「大無量寿経　真実の教　浄土真

理解していただきたい。弥勒菩薩は、すでにこの上ない覚りを得ることに心が定まっており、来《きた》るべき未来に必ず仏となられることから、「龍下三会《りゅうげさんね》の暁《あかつき》」という成仏の際の説法の会座《えざ》のこともすでに説かれているのである。浄土真実の教えを学ぶ人々もこの意義をよく知るべきである。

光明寺の善導和尚の『般舟讃』には、「信心を得た人は、その心はすでに常に浄土に居す」と釈されているが、「居す」というのは、信心の人の心が常に浄土にあるという意味である。

以上、信心の人は弥勒菩薩と同じだということを申し上げ、また等正覚という位が弥勒と同じであるということから、信心の人を如来と等しいと言う、そのことの意味を申し述べたのである。

正嘉元年丁巳十月十日　親鸞

性信御房

(要義)

真実信心を得た人は、仏となることの約束された弥勒菩薩と同じ位にあり、また、その心は如来に等しいと説く。性信房に宛てた、親鸞八十五歳の手紙。

本通に出る「正定聚」・「等正覚」・「弥勒におなじ」・「如来とひとし」といった言

宗」(『教行証文類』「教巻」)といい、釈尊出世本懐の経典とした。

『無量寿如来会』 二巻。唐の菩提流支訳。『無量寿経』の異訳。

『般舟讃』 『般舟三昧行道往生讃』一巻。善導の著。『観無量寿経』によって浄土の荘厳を讃嘆し、往生浄土を願う心境を讃偈にあらわした。

葉は、いずれも信心を得、阿弥陀仏の救済にあずかった者の現生における地位を指して言った言葉である。そのうち、とりわけ消息中では、「如来とひとし」という言葉が頻出するが、和語に近い表現が耳に馴染みやすいことに加え、信心において、如来と等しい徳を身に得て日々を生きるという、念仏者の尊厳性への目覚めをより積極的に促す言葉であることにもよるものであろう。しかし直截簡明であることは、時に誤解をも生みかねない。「如来とひとし」という表現は、一歩間違えれば、現生で仏となることを説く即身成仏の異義へと陥っていく。『歎異抄』第十五条に、「煩悩具足の身をもって、すでにさとりをひらくということ。この条、もってのほかのことに候」と歎かれる如くである。

娑婆にある限り、この身は煩悩に覆われた「あさましき不浄造悪の身」である。けれども、如来の名号を領受した信心は「すでに如来とひとし」き心である。そのことを親鸞は、「心はすでに如来とひとし」と言い、「浄土に信心のひとのこころつねにいたり」と注意深く示したのであった。

なお、等正覚という用語については、経典翻訳の上で二種の使い方がある。一つは仏の完全なる覚り（等正の覚）、あるいはその覚りを得た仏の替え名とするもの。もう一つは菩薩の最高位（正覚に等しい）を指すものである。等正覚という言葉で法義を語る場合、親鸞は『無量寿如来会』の用例により、後者の意味で使用する。

第二六通　これは経の文なり

（本　文）

これは経の文なり。『華厳経』にのたまわく、「信心歓喜者与諸如来等」というは、信心をよろこぶひとはもろもろの如来とひとしというなり。もろもろの如来とひとしというは、信心をえてことによろこぶひとを、釈尊のみことには「見敬得大慶則我善親友」とときたまえり。また弥陀の第十七の願には「十方世界無量諸仏不悉咨嗟称我名者不取正覚」とちかいたまえり。願成就の文には、よろずの仏にほめられよろこびたまうとみえたり。すこしもうたがうべきにあらず。これは如来とひとしという文どもをあらわししるすなり。

親鸞

正嘉元年丁巳十月十日

真仏《しんぶつ》御房

（現代語訳）

これは経典の文である。『華厳経』に言われる「信心歓喜者与諸如来等」というのは、信心を得てよろこぶ人は諸々の如来と等しいということである。諸々の如来と等しいということについては、たとえば釈尊のお言葉には、信心を得てとりわけよろこぶ人のことを、「見敬得大慶則我善親友（仏を仰ぎ、信じ大いによろこぶものこそ、私のよき親友である）」と説いておられる。また、弥陀の第十七願には、

正嘉元年　一二五七年。親鸞八十五歳。

十日　善性本『御消息集』第六通では「十五日」となっている。

真仏　『親鸞門弟交名牒』の最初に「真仏　下野国高田住」とある。平国春の長男で、椎尾弥三郎春時という。高田専修寺を開いたと伝え、初期真宗教団の主流を形成した。正嘉二年（一二五八）五十歳没。

『華厳経』　釈尊が成道の直後、さとりの内容をそのまま文殊・普賢等の菩薩に説いた説法。漢訳に六十巻・八十巻・四十巻の三本がある。

信心歓喜与諸如来等　六十巻

「十方世界無量諸仏不悉咨嗟称我名者不取正覚（あらゆる世界の数限りない諸仏が、悉《ことごと》く私の名をほめたたえ、称えないならば、私は覚りを開くまい）」と誓われており、その願成就の文では、弥陀はあらゆる仏にほめられ、およろこびになると説かれている。

　これらのことを些《いささ》かたりとも疑うべきではない。以上、如来と等しいということを示したいくつかの文を書き記したものである。

　　正嘉元年丁巳十月十日　　親鸞

　真仏御房

（要　義）

信心をよろこぶひとを「如来とひとし」とする根拠を『華厳経』の文を引いて示し、あわせて『無量寿経』の三文によって補足する。真仏房からの疑義に答えた返書と見られる。

　ここにあがる『無量寿経』からの三文は、直接的には「如来とひとし」と説いてはいない。けれども、親鸞がこれらを「如来とひとし」の根拠としたのは、真実信心の人が釈迦・諸仏によって讃め称えられることをこれらの文が説くからである。阿弥陀仏の第十七願は、無論、阿弥陀仏が我が名を諸仏によって讃め称えられるこ

本『華厳経』「入法界品」（巻六十）に「聞此法歓喜、信心無疑者、速成無上道、与諸如来等」とあるのに相当する。

見敬～善親友　『無量寿経』（巻下）「東方偈」に見える。

弥陀の第十七願　「諸仏称揚の願」「諸仏咨嗟の願」とも言われ、諸仏が阿弥陀仏を讃えるようにと誓ったものである。

願成就の文　第十七願成就文。『無量寿経』巻下のはじめに「十方恒沙の諸仏如来、みな共に無量寿仏の威神功徳の不可思議なることを讃嘆したまう」とある。

とを誓った願である。しかしながら、ここで親鸞は、無量の諸仏が阿弥陀仏の名を讃嘆するということは、その名号を領受した衆生の信心を讃嘆することでもあると敷衍《ふえん》する。釈迦は真実信心の人を「我が善き親友」と讃じ、無量の諸仏もまた、第十七願成就して、名号領受の衆生の信心を讃め称える。そして、釈迦・諸仏が真実信心の人を讃嘆するということは、その信心において念仏者が如来と等しき徳を具えているからでもあり、また、釈迦・諸仏の説き勧める念仏往生の法を正しく受け容れ、釈迦・諸仏の真意に等しく適った生き方をする人であるからでもある。

第二七通　おおせ候ところの

（本　文）

（専信上書）

或人云＊、往生の業因は一念発起信心のとき、無碍の心光に摂護せられまいらせ候ぬれば同一也、このゆえに不審なし。このゆえに、はじめてまた信・不信を論じたずね申べきにあらずとなり。このゆえに他力なり、義なきがなかの義となり。ただ無明なることおおわるる煩悩ばかりとなり。恐々謹言。

十一月一日　　専信上

（聖人返書）

＊　善性本『御消息集』第七通には冒頭に「一」とある。

往生の業因　往生浄土の因となる行い。

一念発起信心　信心がおこること。

心光　心の光。すがた・かたちより発する色光・身光に対していう。『正信偈』におおせ候ところの往生の業因は、真実信心をうるとき摂取不捨にあずかるとおもえば、かならずかならず如来の誓願に住すと悲願にみえたり。「設我得仏、国中人天、不住定聚、必至滅度者、不取正覚」とちかい給えり。正定聚に信心の人は住し給えりとおぼしめし候なば、行者のはからいのなきゆえに、義なきを義とすと他力をば申なり。善とも悪とも、浄とも穢とも、行者のはからいなきみとならせ給て候えばこそ、義なきを義とすとは申ことにて候え。十七の願に、「わがなをとなえられん」とちかい給て、十八の願に、「信心まことならば、もしうまれずば仏にならじ」とちかい給えり。十七・十八の悲願みなまことならば、正定聚の願はせんなく候べきか。補処《ふしょ》の弥勒におなじくらいに信心の人はならせたまうゆえに摂取不捨とはさだめられて候え。このゆえに他力と申すは、行者のはからいのちりばかりもいらぬなり。かるがゆえに義なきを義とすと申なり。このほかにまたもうすべきことなし。ただ仏にまかせまいらせ給えと大師聖人のみことにて候え。

十一月十八日　親鸞

専信《せんしん》御坊御報

(現代語訳)

(専信上書)

ある人が申されるのに、「弥陀の誓いを信ずる一念の信心が起こったとき、その身は妨げるもののない慈悲の光にすっかり摂め取られてしまうのだから、浄土に往生するための業因は誰もが同一である。それゆえそこに疑念の余地はなく、また、こと新しく信・不信を論じ質《ただ》す必要はない」ということです。そして、「だからこ

は「摂取心光常照護」とあり、信心の人は摂取の心光を蒙ると讃じられている。

専信　『親鸞門弟交名牒』に「遠江国住　上人面授」として「専信」の名が記載される。諱を専海と言う。建長七年（一二五五）に『教行証文類』を書写し（高田専修寺本）、また同年に師親鸞の寿像を朝円に描かせた（安城の御影）。その往生は文永二年（一二六五）三月十七日と伝える（浜松市・善正寺『過去帳』）。

摂取不捨　阿弥陀仏の摂め取って捨てないはたらき。

正定聚　往生が正しく定まり、必ずさとりをひらくことのできるともがら。

義なきを義とす　義とは分別・はからいのこと。自力の分別心を離れることを本義とするの意。

補処の弥勒　補処とは仏の位を補う候補者の意。弥勒は

そ他力なのであり、それが我々のはからいを捨てたところの他力の本義なのだ」とも言い、「我々はただ無明の闇の中にあり、煩悩にのみ覆われている」とも聞いています。恐々謹言。

十一月一日　　専信上

（聖人返書）

おっしゃるように、浄土往生の業因については、真実の信心を得るとき直ちに摂め取って捨てられることのないお恵みに与《あず》かる、と言われます。そのことから思えば、信心の行者は、如来の誓いの通りに、そのとき必ず仏となるべき位に即《つ》くのだとうかがわれます。その悲願には、「設我得仏、国中人天、不住定聚、必至滅度者、不取正覚（もし私が仏になるとしても、私の国の中の人々や神々が正定聚の位に即き、必ず仏の覚りにいたらないようならば、私も覚りを得まい）」と誓われています。そして、信心を得た人は必ず覚りを得る身に定まっているということに思いを致せば、そこにはもはや行者のはからいはありません。それゆえ、他力というのは行者の思議分別を離れることを本義とするものだ、と言うのです。善であろうと悪であろうと、浄であろうと穢であろうと、行者の分別を差しはさまない身にさせられるからこそ、分別の心を離れることを本義とすると言うのです。

さらに弥陀は、第十七の願に「諸仏に我が名を称えさせよう」と誓われ、第十八

釈尊滅後五十六億七千万年後にこの世でさとりを開いて釈迦如来の跡を継ぐと言われている。

大師聖人　法然房源空のこと。親鸞は生涯、法然を恩師として仰ぎ続けた。

無明　真理に暗く、事象や道理を正しく理解できない精神状態。最も根本的な煩悩。迷いの根源。

煩悩　心身を煩わせ、悩ませる精神作用の総称。

恐々謹言　謹んで申し上げますの意。書簡の末尾に用いて敬意を表した。

悲願　衆生救済のために阿弥陀仏が誓った願。

設我得仏〜不取正覚　『無量寿経』（巻上）四十八願の第十一願。

第十七の願　阿弥陀仏が建てた第十七の願。「たとい我、

の願には、「信心が真実のものであるならば、あらゆる衆生を私の浄土に生まれさせよう。もし生まれることができないようなら、私は仏になるまい」と誓われました。第十七・十八の悲願がともに真実であるならば、往生して仏の覚りを得る身と定まることを誓った第十一願が無駄であるはずがありません。信心を得た人は、次の生に仏となることに決まっている弥勒菩薩と同じ位に即かれるのですから、摂め取られて捨てられることがないと定められているのです。だからこそ、他力というのは行者のはからいが微塵も入ることはなく、それゆえ、凡夫の分別心を離れることを本義とすると言うのです。この他には、特別申し上げるべきことはありません。ただひとえに仏におまかせになられよというのが、大師法然聖人のお言葉であります。

十一月十八日　　親鸞

専信御坊へ　ご返報として

（要　義）

専信坊より、ある同行の説いたという領解が親鸞のもとへ届く。それに対する返書で、信心を得るときに正定聚に住することが述べられ、さらに、「義なきを義とす」る他力の趣が明かされる。

仏を得んに、十方世界の無量の諸仏、悉く咨嗟して、我が名を称せずんば、正覚を取らじ」。

第十八の願　阿弥陀仏が建てた第十八の願。「たとい我、仏を得んに、十方衆生、心を至し信楽して我が国に生まれんと欲うて、乃至十念せん。もし生まれずは、正覚を取らじ。唯五逆と正法を誹謗せんをば除く」。

親鸞滅後、その教えを灯と仰ぐ人々によって、親鸞の残した手紙や法語の一つ一つが書簡集としてまとめられていった。それが善性本『御消息集』・『親鸞聖人御消息集』・『五巻書』・『血脈文集』・『末灯鈔』などである。これらの書簡集に収められる各書簡は、互いに重複するものも多く見られるが、その中、本通は、善性本『御消息集』にのみ伝えられる一通である。善性本『御消息集』という通称が示す通り、この書簡集は下総国横曾根（現・茨城県水海道《みつかいどう》市）の善性なる人物によって書写・編集されたものと見られ、長く高田・専修寺に襲蔵されてきたものであった。収める消息の数は七通と少ないものの、そこには親鸞の消息以外に、本通に見られる専信坊よりの上書、浄信坊の上書（本書第三十一通）、蓮位の添状（本書第三十七通）といったものが収められ、他の書簡集には見られない特色を呈している。

第二八通　他力のなかには

（本　文）

他力のなかには自力ともうすことは候ときゝきそうらいき。他力のなかにまた他力ともうすことはきゝそうらわず。他力のなかに自力ともうすことは、雑行・雑修・定心念仏とこころにかけられてそうろう人々は、他力のなかの自力のひとびとなり。他力のなかにまた他力ともうすことはうけたまわりそうらわず。なにごとも専信房《せんしんぼう》のしばらくいたらんとそうらえば、

雑行・雑修　往生浄土には関係のないさまざまな行を修すること。

定心念仏　心を専注して念仏すること。

そのときもうしそうろうべし。あなかしこあなかしこ。
銭貮《に》拾《じっ》貫《かん》文《もん》 慥《たしかに》 々給候。穴賢《あなかしこ》穴賢。

十一月廿五日

親鸞

（現代語訳）

他力の中にも自力ということはあると聞きました。しかし、他力の中にさらに奥深い他力があるとは聞いたことがありません。他力の中の自力というのは、弥陀に関係のないさまざまな行を行ったり、あるいは、集中した心であれ散乱した心であれ、結果を求めて念仏するようなことで、こういった行を心がけている人々は、他力の中の自力の人々です。他力の中にまた深遠な他力があるということは承っていません。何ごとも、専信房がしばらくこちらに滞在するだろうということですので、お会いしたときに申し上げようと思います。あなかしこあなかしこ。

銭二十貫文、確かに確かに頂戴いたしました。あなかしこあなかしこ。

十一月二十五日

親鸞

（要　義）

「他力の中の自力」・「他力の中の他力」と言われることについての疑義に答えたもの。『親鸞聖人御消息集』では、真仏への返書と伝える。

専信房　『親鸞門弟交名牒』に「遠江国住　上人面授」として「専信」の名が記載される。諱を専海と言う。建長七年（一二五五）に『教行証文類』を書写し（高田専修寺本）、また同年に師親鸞の寿像を朝円に描かせた（安城の御影）。その往生は文永二年（一二六五）三月十七日と伝える（浜松市・善正寺『過去帳』）。

親鸞　『親鸞聖人御消息集』第十六通には署名はなく、宛て名「真仏御坊御返事」がある。

他力　如来の本願のはたらき。

自力　自分の力をたのみはげますこと。

二十貫文　現在のおよそ百二十万円。

阿弥陀仏の本願は「罪悪深重・煩悩熾盛《しじょう》の衆生をたすけんがための願」（『歎異抄』第一条）である。浄土に往生するには、阿弥陀仏が回向する念仏以外に、どんな自力の善も必要ではないし、また、積むこともできまい。そういった深い自覚の上に立って、百パーセント阿弥陀仏の利他力におまかせし、その力によって念仏し、真実の浄土へ往生するというのが他力浄土の教えである。ところが、私たちの根深い自力執心は、阿弥陀仏から与えられる念仏をいつしか我がものとし、我が賢くて念仏するものと思い込み、また、これで往生ができるか否かとも値踏む。こうして、他力の教えの中に、本来は存在すべきではない自力のはからいを差し挟んでしまうのである。これが「他力の中の自力」と言われるものであろう。

これに対して、「他力の中の他力」などはないと親鸞は説く。このことは、仮に「他力の中の他力」を立てたとしても、それは、我がはからいを差し挟んで他力を受け止めていた自力執心の手垢に気づいて心を翻したときに開かれる他力教のあるべきすがた、すなわち本来の「他力」に立ち返るばかりであるということを示すものであろうか。

なお、本書第二通の消息の中で、親鸞は「他力の中の他力なり」という表現を肯定的に使っているが、本通での否定的な使い方とはおのずから意味を異にするだろう。特に本通での「他力の中の他力」に対する強い否定は、「他力の中の他力」という形で秘事的な異義を説く者があったことを想像させるものである。

第二九通　御たずねそうろうことは

（本　文）

御たずねそうろうことは、弥陀他力の回向の誓願にあいたてまつりて、真実の信心をたまわりてよろこぶこころのさだまるとき、摂取してすてられまいらせざるゆえに、金剛心になるときを正定聚のくらいに住すとももうす、弥勒菩薩とおなじくらいになるともとかれて候めり。弥勒とひとつくらいになるゆえに、信心まことなるひとをば仏とひとしとももうす。また諸仏の真実信心をえてよろこぶをばまことによろこびて、われとひとしきものなりと、とかせたまいてそうろうなり。『大経』には、釈尊のみことばに「見敬得大慶則我善親友」とよろこばせたまいそうらえば、信心をえたるひとは諸仏とひとしととかれてそうろうめり。また弥勒をば、すでに仏にならせたまわんことあるべきにならせたまいてそうらえばとて、弥勒仏ともうすなり。しかればすでに他力の信をえたるひとをも、仏とひとしともうすべしとみえたり。御うたがいあるべからずそうろう。御同行《どうぎょう》の、臨終を期《ご》してとおおせられそうろうらんは、ちからおよばぬことなり。信心まことにならせたまいてそうろうひとは、誓願の利益にてそうろううえに、摂取してすてずとそうらえば、来迎・臨終を期せさせたまうべからずとこそおぼえそうらえ。いまだ信心さだまらざらんひとは、臨終をも期し来迎をもまたせたまうべし。この御ふみぬしの御名は随信房《ずいしんぼう》とおおせられそうらわば、めでとうそうろうべし。この御ふみのかきようめでたくそうろう。御同行のおおせられようは、こころえ

回向　めぐらしさしむけること。親鸞は弥陀が衆生に救済の手をさしのべることを本願力回向と言った。

金剛心　弥陀の本願を信ずる心。金剛のように堅固であることから言う。

正定聚のくらい　往生が正しく定まり、必ずさとりをひらくことのできるともがら。

『大経』　『仏説無量寿経』二巻。曹魏の康僧鎧訳。巻上には弥陀浄土の因果、巻下には衆生往生の因果を明かす。親鸞は「大無量寿経　真実の教　浄土真宗」（『教行証文類』「教巻」）といい、釈尊出世本懐の経典とした。

御同行　法を同じくして共に

ずそうろう。それをばちからおよばずそうろう。あなかしこあなかしこ。

十一月廿六日　　親鸞

随信御房

（現代語訳）

お尋ねのことについて申し上げます。弥陀が振り向けてくださる他力の誓願にお遇いし、真実の信心をいただいてよろこぶ心が定まるとき、そのとき私たちは弥陀に摂め取られて捨てられることのない身となるのですから、その金剛のように堅固な信心をいただくときを、仏となることの定まった位に即《つ》くとも言い、弥勒菩薩と同じ位になるとも説かれてあるようです。その位は、次生において仏となる弥勒菩薩と同一の位ですから、真実の信心の人を仏と等しいとも言います。

さらに、諸々の仏がたは、私たちが真実の信心を得てよろこぶのを心からおよろこびになり、我らと等しいものであるとお讃めくださっています。また『大無量寿経』には釈尊のお言葉として、「見敬得大慶則我善親友（仏を仰ぎ、信じ大いによろこぶものこそ、私のよき親友である）」とおよろこびになられていることからしますと、やはり、信心を得た人は諸仏と等しいと説かれたように思います。さらにまた、弥勒菩薩のことを、すでに仏となられることに決まっている位に即いておら

実践する人。ここでは念仏の仲間。

随信房　『親鸞門弟交名牒』には「同国（常陸）慈善」の下に「随信」の名が記され、『高田正統伝』（巻四）には「信田随信房」と載る。

弥勒菩薩　釈尊滅後五十六億七千万年後に、この世でさとりを開いて釈迦如来の跡を継ぐと言われる未来仏。

見敬～親友　『無量寿経』（巻下）「東方偈」に見える。

れるのだからということで、弥勒仏とお呼びします。ですから、すでに他力の信心を得た人のことをも、仏と等しいと申してよいと思われます。これらのことについてお疑いがあってはなりません。

お仲間うちには、「臨終のお迎えを待つべきだ」と言われる方がいるようですが、その方については、私の力の及ぶところではありません。信心が真実である人は、誓願のお恵みをいただいている上に、さらに、阿弥陀仏は信心の人を摂め取って捨てないと言われているのですから、もはや来迎を頼みとしたり、臨終を待ったりする必要はないと思われます。いまだ信心の定まっていないような人は、臨終をも期し、来迎をもお待ちになるのがよいでしょう。

このお手紙をくださった貴方のお名前ですが、今後は随信房と名のられたならたいへん結構かと思います。貴方のお手紙の書きぶりはとてもすばらしいものです。お仲間のお言葉については納得できませんが、しかし、それは私の力の及ぶところではありません。あなかしこあなかしこ。

十一月二十六日　　親鸞

随信御房

来迎　臨終に阿弥陀仏や菩薩が来現して、浄土へ迎え導くこと。

（要　義）

随信房から寄せられた疑義に答えて、正定聚・「弥勒におなじ」・「如来とひとし」などについて詳しく説く。また、当人より依頼があったものであろうか、文末には、「随信」の名を命名することを付記する。

善鸞義絶（建長八年〈一二五六〉）以降と推測される消息の中には、「弥勒におなじ」・「如来とひとし」といった教説が繰り返し登場するが、親鸞は、「おなじ」と「ひとし」を厳密に使い分けている。『無量寿経』の「次如弥勒」、あるいは王日《おうにっ》休《きゅう》の『竜舒浄土文《りゅうじょのじょうどもん》』の「便同弥勒」を典拠に、弥勒には「おなじ」と言い、『華厳経』の「与諸如来等」を典拠に、如来には「ひとし」と言う。我々が日常語で同じ・等しいを用いる場合、そこに意味上の隔たりはないが、親鸞は「おなじ」は全同、「ひとし」は近似の意味で使い分ける。すなわち、往生成仏する身と定まっているという点において、真実信心の行者は、次生において成仏すべき等正覚の弥勒とその位をまったく同じにしていると言える。一方、阿弥陀仏の回向によって信心を得、仏因である名号を受け取ってはいても、まだ仏果に至っているのではない。信心の行者と仏の間には因位と果位という厳然たる違いがあり、仏とは近似であるとしか言えないのである。

第三〇通　諸仏称名の願ともうし

（本　文）

諸仏称名の願ともうし、諸仏咨嗟《ししゃ》の願ともうしそうろうなるは、十方衆生をすすめんためときこえたり。また十方衆生の疑心をとどめん料《りょう》ときこえてそうろう。『弥陀経』の十方諸仏の証誠のようにてきこえたり。詮ずるところは、方便の御誓願と信じまいらせそうろうべし。念仏往生の願は如来の往相回向の正業正因なりとみえてそうろう。まことの信心あるひとは等正覚の弥勒とひとしければ、如来とひとしとも諸仏のほめさせたまいたりとこそきこえてそうらえ。また弥陀の本願を信じそうらいぬるうえには、「義なきを義とす」とこそ大師聖人のおおせにてそうらえ。かように義のそうろうらんかぎりは、他力にはあらず、自力なりときこえてそうろう。また他力ともうすは、仏智不思議にそうろうなるときに、煩悩具足の凡夫の無上覚のさとりをえそうろうなることをば、仏と仏とのみ御はからいなり、さらに行者のはからいにあらずそうろう。しかれば義なきを義とすとそうろうなり。義ともうすことは自力のひとのはからいをもうすなり、他力にはしかれば義なきを義とすとそうろうなり。このひとびとのおおせのようは、これにはつやつやとしらぬことにてそうらえば、とかくもうすべきにあらずそうろう。また来の字は衆生利益のためにはきたるともうす、方便なり。さとりをひらきてはかえるともうす。ときにしたがいて、きたるともかえるとももうすとみえてそうろう。なにごともなにごともまたまたもうすべくそうろう。

二月二十五日　　　親鸞

料　ため。ためのもの。

『弥陀経』　『阿弥陀経』一巻。姚秦の鳩摩羅什訳。阿弥陀仏の浄土の荘厳を説き、その功徳を讃え、浄土に生まれるには一心に念仏せよと勧める。そしてこの念仏を六方の諸仏が証誠護念することを述べている。

方便の御誓願　人びとを導くための勝れた手立てとしての誓い。

往相回向　回向はめぐらしさし向けること。如来の回向には往相と還相の二種がある。このうち往相回向は、衆生が浄土に往生してさとりをひらく相を言う。親鸞は往・還ともに阿弥陀仏から衆生にさし向けられた本

慶西《きょうさい》御坊御返事

（現代語訳）

「諸仏称名の願」と言い、「諸仏咨嗟の願」とも言う第十七願は、あらゆる世界の衆生に阿弥陀仏の救いを勧めるための誓願であると思われます。あるいはまた、あらゆる世界の衆生の疑いの心を払うためのものと考えられます。『阿弥陀経』の中で、すべての世界の仏がたが阿弥陀仏の真実を証明されている様子でよく察せられるところであります。要するにこのお誓いは、阿弥陀仏が私たちを救うために手立てを尽くされるお心から起こされた誓願であると信じてください。第十八の「念仏往生の願」は、如来が、我々を浄土に往生させるために振り向けてくださる正《まさ》しき業因を誓われた願であるとうかがわれます。真実の信心を得た人は、如来に次ぐ覚りを得ている弥勒菩薩に匹敵するので、如来と等しい、と諸仏はおほめになられるのだと思われます。また、弥陀の本願を信じたうえは、「自らの分別心を離れることを本義とする」というのが大師法然聖人のお言葉でありました。このお言葉が示すように、我々の分別心がはたらく限りは、他力におまかせしているのではなく、自力を頼みとしているのであると考えられます。また、他力というのは私たちの思議を超えた仏の智慧のおはたらきでありますから、煩悩を具えた凡夫がこの上ない覚りを得ることができるのは、まさに仏と仏とのみの御はからいであり、決して行

願力回向であるとした。

正業正因　往生浄土の因となる行い。

等正覚の弥勒　等正覚とは最高位の菩薩のこと。弥勒は釈尊滅後五十六億七千万年後に、釈尊を継いでこの世でさとりを開くと言われている。

義なきを義とす　義とは分別・はからいのこと。自力の分別心を離れることを本義とするの意。

大師聖人　法然房源空のこと。

仏智不思議　我々の思議の及ばない仏の智慧。

無上覚　この上ない最高のさとり。仏果。

つやつやとしらぬ　まったく知らない。

慶西　『親鸞門弟交名牒』に直弟として「慶西　常州北郡由下住」とある。

諸仏称名の願　阿弥陀仏が建てた第十七の願。「たとい我、仏を得んに、十方世界

者自身がはからうことではないのです。それゆえ、他力とは我々の分別心を離れることを本義とすると言われるのです。思議分別というのは、自らの力を頼みとする人のはからいを言います。ですから、他力においては、分別心を離れることをその本来の意義とすると言われるのです。なお、貴方がお手紙で言及されている方々のお言葉の内容は、私にはまったく心当たりのないことですから、何とも申し上げられません。

さらにまた、来迎の来の字は、衆生に恵みを与えるためという点からすれば、穢土へ「きたる」と訓《よ》みます。すなわち私たちを救うための手立てです。そして私たち自身が浄土に往生して覚りを開いた後には、穢土へ「かえる」と訓みます。ときに応じて、「きたる」とも「かえる」とも訓むのだと思われます。何もかも、すべてはまたあらためて申し上げましょう。

二月二十五日　親鸞

慶西御坊へ　お返事として

（要　義）

第十七願の諸仏称名の意味を詳しく示し、さらに、「義なきを義とす」る他力の趣を述べる慶西坊への返書。

の無量の諸仏、悉く咨嗟して、我が名を称せずんば、正覚を取らじ」。諸仏が阿弥陀仏の名をほめ称えることを誓った。

諸仏咨嗟の願　第十七願。咨嗟とはほめたたえるの意。

念仏往生の願　阿弥陀仏が建てた第十八の願。「たとい我、仏を得んに、十方衆生、心を至し信楽して我が国に生まれんと欲うて、乃至十念せん。もし生まれずは、正覚を取らじ。唯五逆と正法を誹謗せんをば除く」。念仏するものを浄土に生まれさせることを誓った。

文末に述べられる「来」の字義は、おそらく、『五会法事讃《ごえほうじさん》』の「観音勢至自来迎」における「来迎」の意味を尋ねる慶西坊よりの質疑に答えたものであろう。平生の聞信の一念に往生が定まると説く浄土真宗においては、無論、臨終の仏・菩薩の来迎は期するものではない。したがって、来迎という言葉を積極的に取り入れるとき、親鸞はその意味を転じて、他力念仏の人が常に仏・菩薩に護念されるという阿弥陀仏の摂取の利益のこととして説き、あるいは一たび往生を遂げたものが衆生救済のために穢土へ帰ってくるすがたとも説くのである。『唯信鈔文意』にはさらに、「来迎というは、来は浄土へきたらしむという、これすなわち若不生者のちかいをあらわす御ことなり。また来はかえるという、かえるというは、願海に入りぬるによりてかならず大涅槃にいたるを法性のみやこへかえると申すなり。…（中略）…このさとりをうれば、すなわち大慈大悲きわまりて生死海にかえり入りてよろずの有情をたすくるを普賢の徳に帰せしむと申す。この利益におもむくを来という、これを法性のみやこへかえると申すなり」と、より重層的な解釈を展開し、阿弥陀仏の救いのはたらきを「ときにしたがいて」自在に表現してみせるのである。

なお、本通には「弥勒とひとし」という表現が見られる。如来と弥勒について、「ひとし（近似）」と「おなじ（全同）」を厳密に使い分けている親鸞にあって、この例外的な表現は、本通の他、わずかに数カ所認められるが、如来については、如来と全同ということを意味してしまう「如来とおなじ」という使用例はまったく見られない。

第三一通　如来の誓願を信ずる心

(本　文)

(浄信上書)

*無碍光如来の慈悲光明に摂取せられまいらせ候ゆえ、名号をとなえつつ不退のくらいにいりさだまり候なんには、このみのために摂取不捨をはじめてたずぬべきにはあらずとおぼえられて候。そのうえ、『華厳経』に「聞此法歓喜信心無疑者、速成無上道与諸如来等」とおおせられて候。また第十七の願に、「十方無量の諸仏にほめとなえられん」とおおせられて候。また願成就の文に、「十方恒沙の諸仏」とおおせられて候は、信心の人とこころえて候。この人はすなわちこのより如来とひとしとおぼえられ候。このほかは凡夫のはからいをばもちいず候なり。このようをこまかにおおせかぶり給べく候。恐々謹言。

二月十二日　　　　　　　　　　浄信《じょうしん》

(聖人返書)

如来の誓願を信ずる心のさだまる時と申は、摂取不捨の利益にあずかるゆえに、不退の位にさだまると御こころえ候べし。真実信心さだまると申も、金剛信心のさだまると申も、摂取不捨のゆえに申なり。さればこそ、無上覚にいたるべき心のおこると申なり。これを不退のくらいとも、正定聚のくらいにいるとも申、等正覚にいたるとも申也。このこころのさだ

＊　善性本『御消息集』第七通によって、浄信の上書を併記した。

慈悲光明　慈は衆生をいつくしんで楽を与えること。悲は衆生をあわれみいたんで苦を抜くこと。抜苦を慈、与楽を悲ともする。光明は仏・菩薩などの身から発する光で、智慧を象徴する。

不退のくらい　仏道修行ですでに得た境地を失わない位。

浄信　『親鸞門弟交名牒』には「洛中居住」として「七条次郎入道」とされているが、この質問状は二月十二日付で出されており、それ

まるを、十方諸仏のよろこびて、諸仏の御こころにひとしとほめたまうなり。このゆえに、まことの信心の人をば、諸仏とひとしと申なり。又、補処《ふしょ》の弥勒とおなじとも申也。このよにて真実信心の人をまぼらせ給えばこそ、『阿弥陀経』には、「十方恒沙の諸仏護念す」とは申事にて候え。安楽浄土へ往生してのちはまもりたまうと申ことにては候わず、娑婆世界いたるほど護念すと申事也。信心まことなる人のこころを、十方恒沙の如来のほめたまえば、仏とひとしとは申事也。又、他力と申ことは、義なきを義とすと申なり。義と申ことは、行者のおのおののはからう事を義とは申也。如来の誓願は不可思議にましますゆえに、仏と仏との御はからいなり。凡夫のはからいにあらず。補処の弥勒菩薩をはじめとして、仏智の不思議をはからうべき人は候わず。しかれば、如来の誓願には「義なきを義とす」とは、大師聖人の仰に候き。このこころのほかには、往生にいるべきこと候わずとこころえてまかりすぎ候えば、人の仰ごとには、いらぬものにて候也。諸事恐々謹言。

親鸞

浄信御坊御返事

（別筆押紙）

（現代語訳）

（浄信上書）

無碍光如来の慈悲の光明に摂めとられることによって、私たちはみ名を称えて不退の位に必ず即《っ》き定まるのだから、自身のために阿弥陀仏の摂取不捨のお救いをあらためて尋ね求める必要はないと思われます。その上、『華厳経』には「聞此法歓喜信心無疑者、速成無上道与諸如来等（このみ教えを聞いて歓喜し、信じて疑いの

に対する親鸞の返書が「二月廿五日」（善性本『御消息集』第二通）付となっていることから考えれば、浄信は東国在住、その質問内容より高田系門侶と思われる。

真実信心　本願を信じ疑わない心。真実なる如来の本願のはたらきによって衆生に与えられる心であることから言う。

金剛信心　信心。金剛のように堅固であることから言う。

無上覚　この上ない最高のさとり。仏果。

正定聚のくらい　往生が正しく定まり、必ずさとりをひらくことのできるともがら。

補処の弥勒　補処とは仏の位を補う候補者の意。弥勒は釈尊滅後五十六億七千万年後にこの世でさとりを開いて釈迦如来の跡を継ぐと言われている。

十方〜護念す　『阿弥陀経』

心がなければ、速やかにこの上ないさとりを成就し、諸々の如来と等しくなる）」と説かれています。また、第十七の願には、「あらゆる世界の無量の諸仏に、我が名をほめられ、称えられるようにしよう」と誓われ、その願成就の文には「ガンジス河の砂の数ほどの諸仏（にほめられる）」と説かれており、諸仏は信心の人をおほめになるのだと理解しています。この人はつまり、この世にありながら如来と等しいのだと思われます。この他には、凡夫の賢しらなはからいをまじえる必要はないと聞いています。これらのことについて、詳しくお教えをいただきたく思います。恐々謹言。

二月十二日　浄信

（聖人返書）

如来のお誓いを信じる心が定まるときというのは、摂め取って捨てることのないお恵みにあずかることによって不退の位に定まるときである、とお心得ください。真実の信心が定まるというのも、金剛のように堅固な信心が定まるというのも、摂取不捨のお恵みがあるから言えることです。そしてそれゆえにこそ、この上ない覚りに至るべき心が起こる、とも言うのです。これを不退の位とも、正定聚の位に入るとも言い、等正覚に至るとも言います。また、この心が定まるのをあらゆる世界の諸仏はよろこばれ、諸仏のお心に等しいとお讃めになります。それゆえ、真実の

には「この諸仏の所説の名および経の名を聞かんもの、このもろもろの善男子・善女人、みな一切諸仏のためにともに護念せられて、みな阿耨多羅三藐三菩提を退転せざることを得ん」と見える。

義なきを義とす　義とは分別・はからいのこと。自力の分別心を離れることを本義とするの意。

大師聖人　法然房源空のこと。

無碍光如来　阿弥陀仏のこと。何ものにも碍げられないはたらきをあらわす名。『無量寿経』に見える十二光仏の一。

『華厳経』　釈尊が成道の直後、さとりの内容をそのまま文殊・普賢等の菩薩に説いた説法。漢訳に六十巻・八十巻・四十巻の三本がある。

聞此法〜与諸如来等　六十巻本『華厳経』「入法界品」

信心の人のことを、諸仏に等しいと言うのです。あるいはまた、次生に仏となることに定まっている弥勒菩薩と同じであるとも言います。そして、諸仏は、真実信心の人がこの世にいるうちにお護りになります。だからこそ、『阿弥陀経』では、「あらゆる世界の数多の諸仏が行者を護る」と説かれているのです。行者が安楽浄土へ往生してのちにお護りになると言うのではありません。まだこの娑婆世界にいるうちに護ってくださると言うのです。そして、真実の信心を得た人の心を、数限りない如来が称讃なさることから、その人を仏と等しいと言うのです。

さてまた、他力というのは、私たちの分別心を離れることを本義とするのだと言います。分別心ということは、行者がそれぞれ自らの思慮ではからうことを言います。如来の誓願は私たちの思議を超えたものですから、それはただ仏と仏とのみが相《あ》い思議される領域です。凡夫である我々のはからいとは次元が異なるものです。やがて仏になることに決定している弥勒菩薩を初めとして、思議を超えた仏の智慧をはからうことのできる人はありません。それゆえ、如来の誓願については、「私たちの思慮分別を離れることを本義とする」というのが、大師法然聖人のお言葉でありました。以上のようにわきまえることのほかには、浄土往生のために必要とすべきものはないと心得て過ごしてゆくなら、他の人がいろいろとおっしゃる言葉は不要なことです。諸事、恐々謹言

（巻六十）に見える。

第十七の願　阿弥陀仏が建てた第十七の願。「たとい我、仏を得んに、十方世界の無量の諸仏、悉く咨嗟して、我が名を称せずんば、正覚を取らじ」。

願成就の文　第十七願成就文。『無量寿経』巻下のはじめに「十方恒沙の諸仏如来、みな共に無量寿仏の威神功徳の不可思議なることを讃嘆したまう」とある。

凡夫　ただの人。聖者に対する。真理に暗く、煩悩にとらわれ迷いの世界をさまよう者。

等正覚　旧訳では仏、新訳では最高位の菩薩のこと。ここでは新訳の意。

『阿弥陀経』　一巻。姚秦の鳩摩羅什訳。阿弥陀仏の浄土の荘厳を説き、その功徳を讃え、浄土に生まれるには一心に念仏せよと勧める。そしてこの念仏を六方の諸

（別筆押紙）

浄信御房へ　お返事として

親鸞

（要　義）

浄信坊よりの手紙を受け、真実信心の人の利益を述べ、あわせて、法然の「義なきを義とす」との言葉を伝えて自力のはからいを誡める。専修寺に真蹟が残り、また、善性本『御消息集』によって、浄信の上書も知られる。

「義なきを義とす」という言葉は、阿弥陀仏の誓願によって救われる他力浄土教の本質を伝える表現であることから、親鸞が常に記し伝えた師説であった。そこで言われる「義」とは、「行者のおのおののはからう事を義と申」すと説かれるように、我々が分別心で捉え、思議することを意味している。私たちの根強い自力分別心は、不可称不可説不可思議であるべき本願の救いをも、いつしか思議の対象として矮小化してしまう。私によって対象化されて捉えられた救いは、もはや私を摂め取る真実の救いではないであろう。本願とは把握するものではなく、ただ仰ぐべきものである。

なお、親鸞が所伝する以外に、「義なきを義とす」という法然の言葉を伝える文献は少なく、ただ僅かに知恩院に所蔵される『護念経』（『阿弥陀経』）の奥書に、

仏が証誠護念することを述べている。

安楽浄土　心を楽しく安らかにさせる阿弥陀仏の国土。

娑婆世界　娑婆とは忍、堪忍の意。この現実の世界を指す。衆生はこの世において種々の苦を忍ばねばならないのでこう言う。

「浄土宗安心起行の事、義なきを義とし、様なきを様とす。浅きは深きなり…」と記されたものが知られるばかりである。

第三二通　安楽浄土にいりはつれば

（本　文）

*安楽浄土にいりはつれば、すなわち大涅槃をさとるとも、また無上覚をさとるとも、滅度にいたるとももうすは、御名こそかわりたるようなれども、これみな法身《ほっしん》ともうす仏のさとりをひらくべき正因に、弥陀仏の御ちかいを、法蔵菩薩われらに回向したまえるを、往相の回向ともうすなり。この回向せさせたまえる願を、念仏往生の願とはもうすなり。この念仏往生の願を、一向に信じてふたごころなきを、一向専修とはもうすなり。如来二種の回向ともうすことは、この二種の回向の願を信じ、ふたごころなきを、真実の信心ともうす。この真実の信心のおこることは、釈迦・弥陀二尊の御はからいよりおこりたりとしらせたまうべし。あなかしこあなかしこ。

（現代語訳）

安楽浄土に往生を遂げると、そのとき直ちに大涅槃をさとるとも、また無上覚をさとるとも、滅度に至るとも言う。これらはその名前こそ異なっているようであるけれども、みな法身と言われる仏のさとりを示す言葉である。そのさとりを開くべ

＊　前通と本通とは善性本『御消息集』第二通に一通として収録されており、「二月廿五日　親鸞」「浄信御坊御返事」と、日付・署名・宛て名がある。

安楽浄土　心を楽しく安らかにさせる阿弥陀仏の国土。

大涅槃　煩悩の火が消え智慧が完成された境地。

無上覚　この上ない最高のさとり。仏果。

滅度　生死の苦を滅してさとりの世界に渡ること。度は渡るの意。さとりの境地。涅槃。

法身　色や形を超えた絶対の

き正《まさ》しき因として、阿弥陀仏は因位法蔵菩薩のすがたをとって我々に誓願を振り向けてくださるのである。これを往相の回向と言う。そして、この回向してくださる願を念仏往生の願と言うのである。この念仏往生の願をひたすら信じ、ふたごころのないのを一向専修と言うのである。如来の回向には、この往相の回向と、さらに還相の回向という二種の回向があるが、この二種の回向の願を信じて疑う心のないのを真実の信心と言うのである。そして、この真実の信心が我が身に起こるのは、釈迦・弥陀二尊の御はからいによるものであるということを知らねばならない。あなかしこあなかしこ。

（要　義）

阿弥陀仏の本願力回向によって仏となる正因が与えられることを説き、その本願を一心に信ずることを勧める。

善性本『御消息集』によれば、本書第三十一通が記されたあと改行して本通が続き、最後に「二月廿一日　親鸞　浄信御坊御返事」との後付けを載せる。そのことから、この二通は本来一具のもので、本通は、本書第三十一通の書簡に添付されて送られた法語であったとも推測される。

文中に言及される二種回向とは、親鸞が『教行証文類』「教巻」冒頭に、「つつし

真理そのものである仏身。

法蔵菩薩　阿弥陀如来が仏となる前に衆生済度を願って修行していたときの名。

往相の回向　回向はめぐらしさし向けること。如来の回向には往相と還相の二種がある。このうち往相回向は、衆生が浄土に往生してさとりをひらく相をいう。

念仏往生の願　阿弥陀仏が建てた第十八の願。「たとい我、仏を得んに、十方衆生、心を至し信楽して我が国に生まれんと欲うて、乃至十念せん。もし生まれずは、正覚を取らじ。唯五逆と正法を誹謗せんをば除く」。念仏するものを浄土に生まれさせることを誓った。

んで浄土真宗を案ずるに、二種の回向あり。一つには往相、二つには還相なり」と述べた、浄土真宗の教義体系の根幹をなす思想である。親鸞は、それまで聖道門仏教が唱えてきた衆生による自力回向に対し、衆生が浄土に往生してさとりをひらく往相も、穢土に還って衆生を救うはたらきをあらわす還相も、ともに阿弥陀仏の本願力のしからしむるところであるとし、仏から衆生にさしむけられた本願力回向の宗教を打ち立てたのであった。

第三三通　御ふみくわしくうけ給候ぬ

（本　文）

御ふみくわしくうけ給候ぬ。さてはごほうもんのごふしんに、一念発起信心のとき、無碍の心光にしょうごせられまいらせ候ゆえ、つねに浄土のごういん決定すとおおせられ候。これめでたく候。かくめでたくはおおせ候えども、これみなわたくしの御はからいになりぬとおぼえ候。ただ不思議と信ぜさせ給候ぬるうえは、わずらわしきはからいはあるべからず候。又、ある人の候なること、しゅっせのこころおおく、じょうどのごういんすくなしと候なるは、こころえがたく候。しゅっせと候も、浄土のごういんと候も、みな一にて候也。すべ候て、これなまじいなる御はからいとぞんじ候。仏智不思議と信ぜさせ給候なば、べちにわずらわしく、とかくの御はからいあるべからず候。ただ人々のとかく申候わんことをば、ごふしんあるべからず候。ただ如来の誓願に、まかせまいらせ給べく候。とかくの御はからい、

一念発起信心　信心がおこること。

心光　心の光。すがた・かたちより発する色光・身光に対していう。

しょうご　摂護。摂め護ること。

浄土のごういん　往生浄土の因となる行い。

しゅっせのこころ　世俗を捨ててさとりを求めるこころ。

あるべからず候也。あなかしこあなかしこ。

五月五日　　　　　　　　　　　　　　　　親鸞（花押）

じょうしんの御ぼうへ

（余白追伸）

他力と申候は、とかくのはからいなきを申候也。

（現代語訳）

お手紙を詳しく拝見しました。さて、み教えについての疑問を述べられる中に、「阿弥陀仏のお救いを信じる心がひとたび起こるとき、私たちは何ものにも妨げられない慈悲の光に摂め護られ、それによって、平生《へいぜい》において浄土往生の因が決定する」とお書きになっておられます。これは結構なことです。ただ、そのように結構におっしゃってはいますが、それがすべて、自らの分別心に頼ったはからいになってしまっているかと思われます。阿弥陀仏のお救いは我々の思議を超えたものであるとひとえに信じられた上は、あれこれとはからいがあってはなりません。

また、ある人が言ったとかいうことで、「浄土往生を願う心が多くとも、因としての念仏が少なければ往生はできない」とありますのは納得がゆきません。浄土を願う心というのも、因としての念仏というのも、みな一つのことであります。総じて、これらは必要のない御はからいかと存じます。仏の智慧は私たちの思いの及ば

なまじい　できもせぬのに強いてつとめるさま。余計なこと。

仏智不思議　我々の思議の及ばない仏の智慧。

じょうしん　浄信。親鸞の直弟で、高田系門侶と思われる。

ないものだと信じられたなら、そのほかに煩わしくあれこれと御はからいになることがあってはなりません。他の人々がなにやかやと言うことを疑問に思われる必要はないのです。ただひたすら如来のお誓いにおまかせになってください。あれやこれやの御はからいは、決してあってはなりません。あなかしこあなかしこ。

親鸞（花押）

五月五日

浄信の御坊へ

（余白追伸）

他力というのは、あれこれとはからうことのないのを言います。

（要　義）

浄信房よりの質疑に答えたもので、平生における聞信の一念に浄土往生が定まることを述べ、あわせて、その誓願にまかせたうえは私のはからいがあってはならないことを説く。

京洛に住む親鸞のもとへは、東国の門弟よりしばしば教義上の質疑が届いた。親鸞はその一つ一つに懇切に答えてゆくが、それと同時に、それらの法門の解決が単に知解にのみとどまることのないよう常に心を砕き、誡めの言葉を添える。疑義の解決が知的分別にのみとどまり、不可思議の仏智を仰ぐことがないならば、そこには必ず、勝他・名聞・利養の心が入り込み、やがて諍論へと発展する。教法は人の上に立って説くために求められるべきものではなく、誰もが等しく如来によって救われるべきいのちを生きていることを知り、常に同朋とともに聞いていくものでなければならない。

第三四通　御ふみくわしくうけ給候ぬ

（本　文）

御ふみくわしくうけ給候ぬ。さてはこの御ふしん、しかるべしともおぼえず候。そのゆえは、誓願・名号と申て、かわりたること候わず候。誓願をはなれたる名号も候わず候。名号をはなれたる誓願も候わず候。かく申候も、はからいにて候也。ただ誓願を不思議と信《ママ》又名号を不思議と一念信じとなえつるうえは、なんじょうわがはからいをいたすべき。ききわけしりわくるなんど、わずらわしくはおおせ候やらん。これみなひがごとにて候也。ただ不思議と信じつるうえは、とかく御はからいあるべからず候。おうじょうのごうには、わたくしのはからいはあるまじく候也。あなかしこあなかしこ。如来にまかせまいらせおわしますべく候。あなかしこあなかしこ。

五月五日　　親鸞（花押）

きょうようの御房へ

（余白追伸）

御ふしん　御不審。疑わしいこと。

なんじょう　どうして。

ひがごと　僻事。心得ちがいのこと。

おうじょうのごう　往生浄土の因となる行い。

きょうよう　教養。稲田九郎頼重の法名と伝える。

このふみをもて、人々にもみせまいらせさせ給べく候。他力には、義なきを義とは申候也。

〈現代語訳〉

お手紙、詳しく拝見しました。さて、お尋ねの疑義については、適切なものとも思われません。というのも、誓願といい、名号といっても、相違したものではないからです。誓願を離れた名号もありませんし、名号を離れた誓願もありません。このように申し上げることすら、実ははからいです。ただただ、弥陀の誓願を不思議と信じ、また、名号を不思議と信じて称えたうえは、どうして自らのはからいを差しはさむ必要がありましょうか。誓願の不思議と名号の不思議とをよく聞いて区別しなければならないなどと、どうしてうるさくおっしゃるのでしょうか。これらはみな間違ったことであります。阿弥陀仏のお救いは私たちの思議を超えたものであるとただ信じておまかせした以上は、あれやこれやとはからいをなすべきではありません。他力によっていただいた往生の業因には、自らの分別心のはからいはあってはならないのです。あなかしこあなかしこ。

すべて如来におまかせなさるべきです。あなかしこあなかしこ。

五月五日　親鸞（花押）

教養の御房へ

他力には義なきを義　義とは分別・はからいのこと。自力の分別心を離れることを本義とするの意。

誓願　願をおこし、その完成を誓うこと。ここでは阿弥陀仏の本願のこと。

名号　阿弥陀仏の本願のはたらきが具体的に言葉となって現れたもの。南無阿弥陀仏。

如来　真実より現れた者。ここでは阿弥陀仏のこと。

（余白追伸）

この手紙を、他の人々にもお見せになってください。他力においては、自らの分別心を離れることを本義とすると申しています。

（要　義）

教養よりの質問状に答え、阿弥陀仏の誓願と名号とを分け隔てて偏執することがあってはならないと誡める。本書第三十三通と類似した書式をとり、また同じ五月五日付であることから、関東への同便に託して書かれたものと窺える。

親鸞滅後二十年余を経て著された『歎異抄』では、当時の東国門弟の間で生じていた異義についてさまざま述べられるが、その中、第十一条では、誓願の不思議と名号の不思議とを別々に分けて捉え、名号を称える行業を非難する者たちがあったことを記している。本通では、親鸞が否定する教養からの不審の内容は詳らかではないが、あるいは後に異義へと発展する萌芽をそこに見たのであろうか、学解のはからいへの厳しい誡めとなった。

阿弥陀仏の誓願とは、一切の衆生を信ぜしめ、名号を称えしめて、浄土往生せしめようとするものである。そして、その誓願が成就し、南無阿弥陀仏の名号が私たちのもとへとどき、信心となり念仏となる。名号とは、阿弥陀仏の誓願のはたらきが具体的なことばとなったものであって、両者は不離一体である。

第三五通　たずねおおせられ候

（本　文）

たずねおおせられ候念仏の不審のこと、念仏往生と信ずるひとは辺地《へんじ》の往生とてきらわれ候らんこと、おおかたこころえがたく候。そのゆえは、弥陀の本願ともうすは、名号をとなえんものをば極楽へむかえんとちかわせたまいたるを、ふかく信じてとなうるがめでたきことにて候なり。信心ありとも、名号をとなえざらんは詮なく候。また一向名号をとなうとも、信心あさくば往生しがたく候。されば念仏往生とふかく信じて、しかも名号をとなえんずるは、うたがいなき報土の往生にてあるべく候なり。詮ずるところ、名号をとなうというとも、他力本願を信ぜざらんは辺地にむまるべし。本願他力をふかく信ぜんともがらは、なにごとにかは辺地の往生にてそうろうべき。このようをよくよく御こころえ候て御念仏そうろうべし。この身は、いまは、としきわまりてそうらえば、さだめてさきだちて往生しそうらわんずれば、浄土にてかならずかならずまちまいらせそうろうべし。あなかしこあなかしこ。

七月十三日　　親鸞

有阿弥陀仏《うあみだぶつ》御返事

（現代語訳）

お尋ねになりました念仏についての疑問にお答えします。ある人が「念仏して浄

辺地　真実報土の周辺にある化土。仏智を疑う自力の行者が生まれるとされる。

有阿弥陀仏　『親鸞門弟交名牒』にはその名がないが、寛元の『交名牒』帰依布列の部に「有阿弥陀仏　笠間長門守時朝」と記載する。

土に往生すると信じる人は自身をあてにしているのであって、そういった人は浄土の片ほとりにしか往生できない」として批判なさるとかいうこと、このような主張はまったく納得のゆかないことです。というのは、弥陀の本願というのは、み名を称えるものを極楽へ迎えようとお誓いになられたものであって、それを深く信じてみ名を称えるからこそすばらしい利益をいただくのです。信心があっても、み名を称えないようなことでは甲斐がありません。また、ひたすらみ名を称えていても、信心が浅ければ往生するのは難しいことです。したがって、念仏して往生するのであると深く信じ、なおかつみ名を称えてはじめて、間違いなく弥陀の報土に往生することができるのです。つまりは、み名を称えていても他力の本願を信じないというようなことでは、その方《かた》の言う通り浄土の片ほとりに生まれることともなるのでしょうが、他力の本願を深く信じて念仏するようなものたちが、どうして片ほとりに往生することになるのでしょう。どうかこの趣を十分にわきまえて、お念仏をなさってください。

私も、今ではもうすっかり年をとってしまいました。必ずや貴方に先立って往生を遂げることでしょうから、浄土で必ず必ず貴方をお待ちいたしましょう。あなかしこあなかしこ。

七月十三日　親鸞

なお、法然の門下には阿弥陀仏号の念仏者は多く、その阿号は俊乗房重源（一一二〇～一二〇六）に始まる。

極楽　楽しみ極まりない阿弥陀仏の国土。

報土　本願に報い現れた国土。浄土教では阿弥陀仏浄土をいう。

有阿弥陀仏へ　お返事として

(要　義)

念仏往生についての誤謬を正し、信心と念仏とは不離の関係であることを説く。有阿弥陀仏よりの質疑に答えた返書。

私たちは阿弥陀仏より回向された本願念仏によって往生成仏せしめられる。ところが、我々の根深い自力心は、他力の本願念仏を容易には信じることができず、その念仏をも自力の罪福心で捉え、念仏の功を積んで往生しようとはからうのである。親鸞は、そのような他力の誓いを疑う罪の深さを知らせようと心を砕き、真実報土への往生に対して、辺地・胎生等の表現を用いて自力念仏を誡めたのであった。ところが、そういった教えを誤解して受け取り、信心にのみ固執するあまり、浄土往生を願って念仏する人々に対して、頭から自力の念仏と決めつけ、辺地往生であると批判する者たちがいたようである。

このような誤謬に対して、親鸞は信心と念仏との不離を説き示す。『教行証文類』「信巻」に、「真実の信心はかならず名号を具す。名号はかならずしも願力の信心を具せざるなり」と記される名号は衆生の称名念仏である。念仏往生と信ずる真実信心は、必ず称名念仏となってはたらき出てくるのである。称名念仏が真実のものであるか否かは、自己の信心によってのみ批判されなければならない。

第三六通　たずねおおせられて候事

（本　文）

たずねおおせられて候事、返々めでとう候。まことの信心をえたる人は、すでに仏にならせ給べき御みとなりておわしますゆえに、如来とひとしき人と『経』にとかれ候なり。弥勒はいまだ仏になりたまわねども、このたびかならずかならず仏になりたまうべきによりて、みろくをばすでに弥勒仏と申候なり。その定《じょう》に、真実信心をえたる人をば、如来とひとしとおおせられて候也。又、承信房《じょうしんぼう》の弥勒とひとしと候も、ひが事には候わねども、他力によりて信をえてよろこぶこころは、如来とひとしと候を、自力なりと候覧《らん》は、いますこし、承信房の御こころのそこのゆきつかぬようにきこえ候なり。よくよく御あん候べくや候覧。自力のこころにて、わがみは如来とひとしと候らんは、まことにあしう候べく候。他力の信心のゆえに浄信房《じょうしんぼう》のよろこばせ給候らんは、なにかは自力にて候べき。よくよく御はからい候べし。このようはこの人々にくわしく申て候。承信の御房といまいらせ給べし。あなかしこ。

十月廿一日　親鸞

浄信御房御返事

『経』　ここでは『華厳経』を指す。

その定　その通り。

承信房　不詳。

ひが事　僻事。心得ちがいのこと。

浄信房　親鸞の直弟で、高田系門侶と思われる。

（現代語訳）

お尋ねになりましたこと、返す返すも結構なことと思います。真実の信心を得た人は、もはや仏となられるはずの身になっておられますので、如来と等しい人であると『華厳経』には説かれています。弥勒菩薩はまだ仏になってはおられませんが、今の生を終えてのち、必ず仏となられるはずですから、弥勒菩薩のことをすでに弥勒仏とお呼びします。それと同様に、真実の信心を得た人を如来と等しいと言われているのです。また、「弥勒菩薩とこそ等しいのだ」という承信房の主張も、まったくの誤りではありません。けれども、他力の御はたらきによって信心を得てよろこぶ、その心は如来と等しいと言うのに対して、それは自力であると批判されるようなことは、いま少し、承信房のお考えが行き届いてはいないように思われます。よくよく思案なさるべきではないでしょうか。自力の心を誇って我が身は如来と等しいと思うようなことであれば、それは本当に間違ったことでありましょう。ところが、他力の信心をいただかれたからこそ、浄信房は如来と等しき身とおよろこびになっているのです。それがどうして自力なのでしょうか。よくよくお考えになってください。このことについては、この手紙を託す方がたに詳しくお話ししました。どうかよくご理解の上、承信の御房をお訪ねになってください。あなかしこ。

十月二十一日　　　　親鸞

弥勒　釈尊滅後五十六億七千万年後に、この世でさとりを開いて釈迦如来の跡を継ぐと言われる未来仏。

浄信御房へ　お返事として

（要　義）

浄信房よりの疑義を受けて記された手紙で、専修寺に真蹟が残る。真実信心を得た人を「如来とひとし」と言うのは自力の信心である、と批判する同行の誤りを指摘したもの。

本通に記される承信房の「弥勒とひとし」という主張に関しては、同様の主張をする人々の存在が、本書第三十七通の慶信上書及び蓮位添状からも知ることができる。すなわちそれらによれば、信心の人を「如来とひとし」とまで言うことは、この現生において成仏を遂げることを目指す真言宗の即身成仏義を意味することになるため、真宗義にはそぐわない、もし言うのであれば、菩薩である「弥勒とひとし」とこそ言うべきであるという主張である。

自らの力で善根を積めるものと思い上がり、なおかつ、煩悩をかかえたままのこの身を「如来とひとし」というのであれば、それは承信房たちが指摘するごとく、重大な誤りと言えよう。しかし、親鸞が念仏の人を「如来とひとし」と言ったのは、如来のはたらきによって回向された信心において、必ずさとりを開くべき仏因を得たことを喜ぶ表現であった。この身は、娑婆にある限り煩悩を具えた身であり続けるのである。
「如来とひとし」という教説は、社会構造の中で底辺に位置づけられ、抑圧されながら生きる人々にとって、念仏者一人一人の絶対の尊厳性を示す歓喜の表現であったが、反面、正しく理解することの極めて難しい言葉でもあったのである。

第三七通　南無阿弥陀仏をとなえて

（本　文）

＊（慶信上書と聖人加筆）
畏《かしこまりて》申《もうし》候《そうろう》。
『〔大無量寿〕経』に「信心歓嘉〔喜〕」と候。〔『華厳経』を引て『浄土〕和讃』にも、「信心よろこぶ其人を、如来とひとしと説きたまう、大信心は仏性《ぶっしょう》なり、仏性即如来なり」と仰せられて候に、専修の人の中に、ある人心得ちがえて候やらん、「信心よろこぶ人を、如来とひとしと同行《どうぎょう》達のたまうは、自力なり、真言にかたよりたり」と申候なる、人のうえを可知《しるべき》に候わねども申候。また、「真実信心うる人は、即《すなわち》定聚のかずの〔に〕入る、不退の位に入りぬれば、必《かならず》滅度をさとらしむ」と候。「滅度をさとらしむ」と候は、此度此身の終候わん時、真実信心の行者の心、報土にいたり候いなば、寿命無量を体として、光明無量の徳用《とくゆう》はなれたまわざれば、如来の心光に一味なり。此故、「大信心は仏性なり。仏性は即如来なり」と、仰せられて候やらん。是は十一・二・三の御誓と心得られ候。罪悪の我

＊〔　〕内は親鸞の加筆。傍線の付いた字の後の〔　〕内は、慶信の書いた字を親鸞が訂正したもの。

専修の人　自分のはからいを棄てて、専ら念仏を修する人。

真言にかたよりたり　この身このままで仏になると説く真言宗の教理に似ている。

不退の位　仏道修行ですでに得た境地を失わない位。

寿命無量　仏の無尽の慈悲を表す。寿命は慈悲の象徴。

等がためにおこしたまえる、大悲の御誓の目出たく、あわれにまします、うれしさ、こころもおよばれず、ことばもたえて、申つくしがたき事、かぎりなく候。自無始広《むしこう》〔曠〕劫《ごうより》以来《このかた》、過去遠々に、恒沙の諸仏の出世の所にて、自力の〔大〕菩提心おこすといえども、さとり〔自力〕かなわず、二尊の御方便にもよおされまいらせて、雑行雑修・自力疑心のおもいなし。無碍光如来の摂取不捨の御あわれみの故に、疑心なく、よろこびまいらせて、一念するに〔までの〕往生定て、誓願不思議と心得候い*なんには、聞見る〔候〕にあかぬ浄土の御〔聖〕教も、知識にあいまいらせんとおもわんことも、摂取不捨も、信も、念仏も、人のためとおぼえられ候。今師主の〔御〕教によりて〔えのゆえ〕、心をぬきて、御こころむきをうかがい候によりて、願意をさとり、直道《じきどう》をもとめえて、正しき真実報土にいたり候わんこと、此度、一念にとげ候いぬる〔聞名にいたるまで〕、うれしさ、御恩のいたり、其上『弥陀経義集』に、おろおろ明におぼえられ候。然に世間のそうそうにまぎれて、一時若しは二時、三時、おこたるといえども、昼夜にわすれず、御あわれみをよろこぶ業力ばかりにて、行住座臥に、時所の不浄をもきらわず、一向に金剛の信心ばかりにて、仏恩のふかさ、師主の御とく〔恩徳〕のうれしさ、報謝のために、ただみなをとなうるばかりにて、日の所作とせず、此様、ひがさまにか候らん。一期《いちご》の大事、ただ是にすぎたるはなし。可然者《しかるべくは》、よくよくこまかに仰を蒙り候わんとて、わずかにおもうばかりを記して申上候。さては、京に久《ひさしく》候しに、そうそうにのみ候て、こころしずかにおぼえず候し事の、なげかれ候て、わざと、いかにしても、まかりのぼりて、こころしずかに、せめては五日、御所に候ばやとねがい候也。あ〔噫《ああ》〕こうまで申候も、御恩のちからなり。

進上、聖人の御所へ。蓮位《れんに》御房申させ給え。

十月十日　　慶信《きょうしん》上（花押）

体　はたらきの根源。

光明無量　仏の無限の智慧を表す。光明は智慧の象徴。

徳用　すぐれたはたらき。

如来の心光　仏の心の光。すがた・かたちより発する色光・身光に対していう。

十一・二・三の御誓　阿弥陀仏が建てた第十一・十二・十三の誓願。「たとい我、仏を得んに、国の中の人天、定聚に住し必ず滅度に至らずんば、正覚を取らじ」（第十一願）。「たとい我、仏を得んに、光明能く限量ありて、下、百千億那由他の諸仏の国を照らさざるに至らば、正覚をとらじ」（第十二願）。「たとい我、仏を得んに、寿命能く限量ありて、下、百千億那由他の劫に至らば、正覚を取らじ」（第十三願）。

＊　真蹟本では、慶信の「なん」に対して親鸞が「なむ」と訂正するが、ここで

（慶信追伸）

追申上《おってもうしあげ》候《そうろう》。

念仏申候人々の中に、南無阿弥陀仏ととなえ候ひまには、無碍光如来ととなえまいらせ候人も候。これをききて、ある人の申候なる。「南無阿弥陀仏ととなえてのうえに、きみょう尽十方無碍光如来と、となえまいらせ候ことは、おそれある事にてこそあれ、いまめかわしく」と申候なる。このよういかが候べき。


（聖人返書）

「南無阿弥陀仏をとなえてのうえに、無碍光仏と申さんは、あしき事なり」と候なるこそ、きわまれる御ひがごとときこえ候え。帰命は南無なり。無碍光仏は光明なり、智慧なり。この智慧はすなわち阿弥陀仏。阿弥陀仏の御かたちをしらせ給わねば、その御かたちを、たしかにたしかにしらせまいらせんとて、世親菩薩御ちからをつくして、あらわし給えるなり。このほかのことは、しょうしょうもじをなおしてまいらせ候也。


（蓮位添状）
＊この御ふみのよう、くわしくもうしあげて候。「すべてこの御ふみのよう、たがわず候」とおおせ候也。ただし、「一念するに往生さだまりて誓願不思議とこころえ候」とおおせ候をぞ、「よきようには候えども、一念にとどまるところあしく候」とて、御ふみのそばに御自筆をもて、あしく候よしをいれさせおわしまして候。蓮位《れんに》に「かくいれよ」とおおせをかぶりて候えども、御自筆はつよき証拠におぼしめされ候ぬとおぼえ候あいだ、おりふし御がいびょうにて御わずらいにわたらせたまい候えども、もうして候也。またのぼりて候し人々、くにに論じもうすとて、あるいは、弥勒とひとしともうし候人々候よしをもうし候しかば、しるしおおせられて候ふみの候、しるしてまいらせ候也。御覧あるべく候。また、弥勒とひ

は現代仮名遣いとしたため解消されている。
知識　正しい教えを説き仏道に入らせ、さとりを得させる師。浄土教では特に念仏の教えを勧め導く人。
心をぬきて　浄土往生を願う心を抽き引き出すこと。
そうそう　怱々。あわただしいさま。いそがしいさま。
蓮位　親鸞の晩年に常随給侍した直弟。覚如の『親鸞伝絵』（上の四）「蓮位夢想」の段にその名が見える。
慶信　『親鸞門弟交名帖』に「慶信　下野高田住」とある。覚信の子息。
きみょう尽十方無碍光如来　なにものにも碍げられず、すべてにゆきわたるはたらき。世親の『浄土論』に見える。
いまめかわしく　今更めいている。わざとらしい。
＊　善性本『御消息集』第三通によって、蓮位添状を併

としと候は、弥勒は等覚の分なり、これは因位の分なり。これは十四・十五の月の円満したまうが、すでに八日・九日の月のいまだ円満したまわぬほどをもうし候也。これは自力修行のようなり。われらは信心決定の凡夫、くらい正定聚のくらいなり。これは因位なり、これ等覚の分なり。かれは自力也、これは他力なり。自他のかわりこそ候えども、因位のくらいはひとしというなり。また弥勒の妙覚のさとりはおそく、われらが滅度にいたることはとく候わんずるなり。かれは五十六億七千万歳のあかつきを期《ご》し、これはちくまくをへだつるほどなり。かれは漸・頓のなかの頓、これは頓のなかの頓なり。滅度というは妙覚なり。曇鸞の『註』にいわく、「樹あり、好堅樹《こうけんじゅ》という。この木、地のそこに百年わだかまりいて、おうるとき一日に百丈おい候」なるぞ。この木、地のそこに百年候は、われらが娑婆世界に候て正定聚のくらいに住する分なり、一日に百丈おい候なるは、滅度にいたる分なり、これにたとえて候也。これは他力のようなり。松の生長するはとしごとに寸をすぎず、これはおそし、自力修行のようなり。また如来とひとしというは、煩悩成就の凡夫、仏の心光にてらされまいらせて信心歓喜す。信心歓喜するゆえに正定聚のかずに住す。信心というは智也。この智は、他力の光明に摂取せられまいらせぬるゆえにうるところの智也。仏の光明も智也、かるがゆえにおなじというなり。おなじというは、信心をひとしというなり。歓喜地というは、信心を歓喜するなり。わが信心を歓喜するゆえにおなじというなり。くわしく御自筆にしるされて候を、かきうつしてまいらせ候。また南無阿弥陀仏ともうし、また無碍光如来ととなえ候御不審も、くわしく自筆に御消息のそばにあそばして候也。かるがゆえにそれよりの御ふみをまいらせ候。あるいは阿弥陀といい、あるいは無碍光ともうし、御名ことなりといえども心は一なり。阿弥陀というは梵語《ぼんご》なり。これには無量寿ともいう、無碍光ともまうし候。梵・漢ことなりといえども、心おなじく候也。そもそも覚信坊《かくしんぼう》の事、ことにあわれに

記した。

がいびょう　咳病。現在の気管支炎、百日咳、または流行性感冒。添状の日付、旧暦「十月廿九日」は厳冬期にあたり、流感と思われる。

等覚　旧訳では仏、新訳では最高位の菩薩のこと。ここでは新訳の意。

因位　仏となるために修行している位。

正定聚のくらい　往生が正しく定まり、必ずさとりをひらくことのできるともがら。

妙覚のさとり　すぐれたさとり。仏の位。

ちくまく　竹膜。竹の内側にある薄い皮膜。

『註』　ここでは『浄土論註』を指す。

樹あり〜おい候　曇鸞の『浄土論註』巻下には「たとえば樹あり、名づけて好堅という。この樹、地に生ずるに百囲すなわち具せり。一日に長ずること高さ百丈な

おぼえ、またとうとくもおぼえ候。そのゆえは、信心たがわずしておわられて候。またたびたび信心ぞんじのよういかようにかと、たびたびもうし候しかば、「当時まではたがうべくも候わず、いよいよ信心のようはつよくぞんずる」よし候き。のぼり候しに、くにをたちて、ひといちともうししときやみいだして候しかども、同行たちはかえれなんどもうし候しかども、「死するほどのことならば、かえるとも死し、とどまるとも死し候わんず。またやまいはやみ候ば、かえるともやみ、とどまるともやみ候わんず。おなじくばみもとにてこそおわり候わば、おわり候わめ、とぞんじてまいりて候也」と、御ものがたり候し也。この御信心まことにめでたくおぼえ候。善導和尚《かしょう》の『釈』の二河《にが》の譬喩《ひゆ》におもいあわせられて、よにめでたくぞんじ、うらやましく候也。おわりのとき、「南無阿弥陀仏、南無無碍光如来、南無不可思議光如来」ととなえられて、てをくみてしずかにおわられて候しなり。またおくれさきだつためしは、あわれになげかしくおぼしめされ候ども、さきだちて滅度にいたり候ぬれば、かならず最初引接《いんじょう》のちかいをおこして、結縁・眷属・萌友をみちびくことにて候なれば、しかるべくおなじ法文の門にいりて候えば、蓮位もたのもしくおぼえ候。またおやとなりことなるも、先世《せんぜ》のちぎりともうし候えば、たのもしくおぼしめさるべく候也。このあわれさとうとさ、もうしつくしがたく候えばとどめ候ぬ。いかにしてか、みずからこのことをもうし候べきや。くわしくはなおなおもうし候べく候。このふみのようを御まえにて、あしくもや候とて、よみあげて候えば、「これにすぐべくも候わず、めでたく候」と、おおせをかぶりて候也。ことに覚信坊のところに御なみだをながさせたまいて候也。よにあわれにおもわせたまいて候也。

十月廿九日　　蓮位

慶信御坊へ

るがごとし」と見える。

梵・漢　梵語と漢語。

覚信坊　『親鸞門弟交名牒』に「覚信　下野高田」とある。太郎入道と号し、慶信の父と認められる。親鸞の『西方指南抄』を書写した。

ひといち　これを「一日市」として、「くに」である下野高田を発ってしばらく旅したところといえば下総か武蔵かと思われる。その辺りで一日に市の開かれた地点を求めると、古利根沿いの吉河（現・埼玉県吉川市）が知られる。

『釈』　ここでは『観経疏』を指す。

結縁　縁のあるもの。

眷属　一族・親族のもの。

萌友　友人。

（現代語訳）

（慶信上書と聖人加筆）

謹んで申し上げます。

『大無量寿経』には「信心歓喜（信心を得てよろこぶ）」とあります。また、『華厳経』に基づいて作られた『浄土和讃』にも、「信心よろこぶそのひとを、如来とひとしとときたまう、大信心は仏性なり、仏性すなわち如来なり（信心を得てよろこぶ人を如来と等しいとお説きになられる。大信心とは仏性である。そして仏性はすなわち如来である）」と仰せられています。それなのに、念仏を申される人の中に、ある人は誤解をしたのでしょうか、「信心をよろこぶ人を如来と等しいと仲間のものたちが言われるのは、自力の考え方であり、この肉身のままで仏になるという真言の教えに偏《かたよ》ったものである」と言う人があるといいます。人のことをあれこれ穿鑿《せんさく》すべきではないと思いますが、一言、申し上げます。

私に思いますのは、同じ『浄土和讃』には、「真実信心うるひとは、すなわち定聚のかずにいる、不退のくらいにいりぬれば、かならず滅度をさとらしむ（真実の信心を得た人は、直ちに、往生成仏することの定まった人々の仲間となる。それは、そこから決して退くことのない位であるのだから、やがて必ず仏の覚りを得させていただくのである）」と言われます。ここに「かならず滅度をさとらしむ」とあり

『大無量寿経』　『仏説無量寿経』二巻。曹魏の康僧鎧訳。巻上には弥陀浄土の因果、巻下には衆生往生の因果を明かす。親鸞は「大無量寿経　真実の教　浄土真宗」（『教行証文類』「教巻」）といい、釈尊出世本懐の経典とした。

『華厳経』　釈尊が成道の直後、さとりの内容をそのまま文殊・普賢等の菩薩に説いた説法。漢訳に六十巻・八十巻・四十巻の三本がある。

『浄土和讃』　阿弥陀仏の浄土をたたえた和讃で、親鸞が七十六歳の時に撰述し、専修寺には国宝の『浄土高僧和讃』が所蔵される。その後つくられた『正像末和

ますのは、このたびこの身の命を終えたとき、真実信心の行者の心は弥陀の報土に至り、限りない命をその根源とし、限りない光明のはたらきをそこに具えることとなりますので、如来の光り輝く覚りとまったく同一となるということだと思われます。それゆえに、その覚りの果に対する信心の因のところを、「大信心は仏性なり。仏性はすなわち如来なり」と讃ぜられたのでありましょうか。そしてこれらは、弥陀の第十一・十二・十三の誓願に誓われていると理解されます。罪深い我々のために起こしてくださった大悲のお誓いのすばらしく、尊くいらっしゃることの嬉しさは、とうてい思いも及ばず、言葉も絶えて、何と申し上げることもできません。始まりのない永劫の昔より過去遠々に亙って、世に出現された数多《あまた》の諸仏の御もとにおいて覚りを求める心を起こしてきましたが、自らの力を頼みとする限り思いどおりにはならず、それがようやく今、釈迦・弥陀二尊のお手立てに導かれて、浄土に関わりのないさまざまな善を行うこともなくなり、自らの力を頼みとして仏のお救いを疑うような心もなくなりました。無碍光如来の摂め取って捨てないという御あわれみのゆえに、疑いの心もなく、よろこびの思いにあふれ、わずか一声の念仏に至るも、浄土への往生が定まるのです。そうして、阿弥陀仏の誓願が私たちの思議を超えたものであるということを心得てしまえば、見るに飽かぬ浄土のお聖教も、善き師に出会いみ教えをお聞きしたいと飽かず願うようなことも、摂取不捨のお恵

讃』と合わせて「三帖和讃」という。

仏性　仏になる可能性。

定聚　往生が正しく定まり、必ずさとりをひらくことのできるともがら。

滅度　生死の苦を滅してさとりの世界に渡ること。度は渡るの意。さとりの境地。涅槃。

報土　本願に報い現れた国土。浄土教では阿弥陀仏浄土をいう。

無碍光如来　阿弥陀仏のこと。なにものにも碍げられないはたらきをあらわす名。

みも、信心も、念仏も、すべて私一人のためであったと思われるのです。

さて今、師のみ教えに導かれて、往生浄土を願う心が萌し、ご教化の趣を心に留めて思いをめぐらすことによって、阿弥陀仏の誓願の意を知り、成仏のための真っすぐな道を見いだすことができました。そして、その道が指し示す確かな真実の報土に往生できますことは、このたび、ただ一度み名を聞くにいたるまでもとお聞きし、その嬉しさ、まことに御恩の至りであります。これらのことは、以前拝読しました『弥陀経義集』に、おおよそのところが明かされていたかと思われます。もっともさすがに世事のあわただしさに紛れて、一時、あるいは二時、三時と念仏を怠ることはありますが、それでも昼夜に忘れることなく、阿弥陀仏の御あわれみをよろこぶお念仏をただただ称え、行住坐臥いつでも、時や所の不浄をも憚らないで、ただひたすら金剛のように堅固な信心一つをたのみとするばかりです。そうして、仏恩の深さ、師の恩徳の嬉しさを思い、それらの御恩に報いるために、ひとえにみ名を称えるのみでありますが、それをことさらに毎日の日課としているわけではありません。このようなことは間違いでしょうか。一生涯の大事、ただこれに過ぎるものはありません。もし間違いがあれば、よくよく詳しくお教えをいただきたいと思い、いささか思うところだけを書き記して申し上げました。

それにしても、京都に久しく滞在しましたのに、ただただ忙しいばかりで、落ち

『弥陀経義集』 法然の作と伝えるが、真偽未詳。

行住座臥 日常のすべての動作。いついかなるときも。

着いて過ごせなかったことが嘆かれます。そのためであろうとも、なんとかして上京し、心静かに、せめて五日でもお側にご一緒したいものと願っています。ああ、こうまで申しますのも、まことに御恩の力によるものです。

聖人のもとへ進上いたします。蓮位御房、お取り次ぎください。

十月十日　　　　　　　　　　慶信上（花押）

（慶信追伸）

追って申し上げます。

念仏申される人々の中には、南無阿弥陀仏と称える隙々《ひまひま》に帰命尽十方無碍光如来と称える人もあります。これを聞いてある人が、「南無阿弥陀仏と称えた上に、帰命尽十方無碍光如来と称えることは、慎むべきことでこそあれ、わざとらしくて、よいことではない」と言ったと聞きます。このようなことは、どういったものでしょうか。

（聖人返書）

「南無阿弥陀仏と称えた上に、帰命尽十方無碍光如来と申すことは適当ではない」と言ったということ、これこそが甚だしい誤りだと思われます。帰命とは南無の意です。また無碍光仏とは光明のおすがたであり、その本体は智慧です。そしてこの智慧は、すなわち阿弥陀仏にほかなりません。人々が阿弥陀仏のおすがたをご

南無阿弥陀仏　阿弥陀仏の本願のはたらきが具体的に言葉となって現れたもの。

存じないので、そのおすがたをはっきりと知らせしようとして、世親菩薩はお力を尽くして、帰命尽十方無碍光如来とあらわされたのです。なお、この他のことについては、少しばかり、貴方のお手紙の文字を直してお返しいたします。

（蓮位添状）

貴方からのお手紙の内容を、詳しく聖人に申し上げました。「まったくこの手紙の趣に間違いはない」との仰せです。ただし、貴方がお手紙の中で、「一声の念仏で浄土往生は定まり、阿弥陀仏の誓願が私たちの思議を超えたものであると心得る」と言われたところについては、「よいようではあるが、一声の念仏にとどまるところが悪い」とおっしゃって、お手紙の脇にご自筆で、よくない旨をお書き入れになりました。実は、私、蓮位に「このように書き入れよ」と仰せられたのですが、聖人のご自筆は何よりのよりどころと貴方もお考えになるに違いないと思われましたので、折り悪しく咳病《がいびょう》を患っておられましたが、御みずからお書き添えくださるよう、敢えてお願い申し上げたのです。

さてまた、このたび上洛した人々が、国許で論じていると言って、あるいは、弥勒と等しいということを説く人々がいると申されました。そこで、聖人がかねてお書きになられたお手紙の控えがありましたので、それを書き写してお送りします。どうかご覧になってください。さてまた、弥勒菩薩に等しいということに関して申

世親　四～五世紀の人。旧訳では天親という。初め部派仏教を学び『俱舎論』を作ったが、兄無著の勧めで大乗仏教に転じ、『唯識三十頌』・『浄土論』を著した。

しますと、弥勒は仏の覚りに次ぐ位置にあり、やがて仏となるべく、因の位にあるお方です。十四日あるいは十五日に月は円く満ちますが、ちょうど八日、九日あたりの月がまだ満ちていないようなものです。これは徐々に満ちていき、自らの力で修行を積むもののすがたです。私たちは愚かな凡夫ではありますが、信心を確かに定め、必ず浄土へ往生して覚りを開くことが決定した位に即いています。これもやはり因の位であり、仏の覚りに次ぐ位置にあるのです。弥勒は自力、私たちは他力、自力他力の違いこそありますが、ともに因の位にあることは等しいと言うのです。けれどもまた、弥勒菩薩が妙《たえ》なる仏の覚りを得ることは遅く、私たちが滅度の覚りに至ることは速やかでしょう。弥勒は五十六億七千万年後の暁を待ち、一方、私たちは薄い竹の膜を隔てるが如きの僅かな時を待つばかりです。弥勒の覚りへの道は、漸と頓とに分ける中での頓ですが、私たちの覚りへの道は、頓の中でももっとも頓なるものです。なお、滅度の覚りというのは妙なる仏の覚りのことです。曇鸞大師の『浄土論註』には、「好堅樹という木がある。この木は地面の下に百年間うずもれているが、地表に芽を出して生長するときには、一日に百丈も生長する」とあります。この木が地面の下に百年間うずもれているというのは、私たちがこの娑婆世界にあって、やがて来《きた》るべき覚りを確定した位に即いているさまを指し、一日に百丈生長するとあるのは、私たちが浄土に往生して滅度に至るさまを指しています。

弥勒　釈尊滅後五十六億七千万年後に、この世でさとりを開いて釈迦如来の跡を継ぐと言われる未来仏。

曇鸞　（四七六～五四二）。七高僧の第三祖。『浄土論註』・『讃阿弥陀仏偈』を著した。

娑婆世界　娑婆とは忍、堪忍の意。この現実の世界を指す。衆生はこの世において種々の苦を忍ばねばならないのでこう言う。

このように好堅樹に譬えているのは、他力の趣をあらわしたものです。松が生長するのは一年に一寸にも及びません。この遅々とした生長が、ちょうど自力による修行のすがたであります。

また、信心を得た行者は如来と等しいとも言いますが、煩悩で出来上がっているような凡夫は、仏のお心の光に照らされて、信心を得、歓喜するからこそ、必ず覚りを得ることに決まった仲間の一人となるのです。信心というのは智慧です。この智慧は、他力の光明に摂め取っていただいて、初めて得ることのできる智慧なのです。もちろん仏の光明も智慧です。だからこそその智慧は同じだと言うのです。すなわちそれは、信心において如来と等しいと言うのです。また、信心の行者は歓喜地の菩薩とも譬えられますが、その歓喜というのも信心を歓喜するのです。我が身にいただいた信心を歓喜するので、歓喜地の菩薩と同じだと言うのです。詳しくは、聖人がご自筆で書かれたものを書き写してお送りします。

さらに、南無阿弥陀仏と称え、その上に帰命尽十方無碍光如来と称えることに関しての疑問についても、聖人御みずからの筆にて詳しくお手紙の余白にお書きくださいました。ですから、貴方からのお手紙をそのままお返しします。あるいは阿弥陀と言い、あるいは無碍光と言って、そのみ名は異なっていますが、その意は一つです。阿弥陀というのは梵語です。漢語では無量寿とも言い、無碍光とも言います。

歓喜地　菩薩が修行する階程に十信・十住・十行・十回向・十地・等覚・妙覚の五十二位があるが、その十地の初地を歓喜地という。この位にいたると、退転することがなくなり無上の喜びを生ずる。

梵語・漢語の相違はありますが、その意味は同じものです。

そもそも覚信坊のこと、とりわけ感慨深く、また尊く思われます。というのは、最期まで信心を変えることなくお亡くなりになられたからであります。また、ご存命中には、信心のあり様はどうであるかとたびたびお尋ねしたものでした。すると、「今までのところ、変わっただろうとも思われない、むしろ、ますます信心のあり様は確かであるように思う」とのことでした。上洛の途次、国許を発って、一日市《ひといち》というところまで来たとき、にわかに病を起こし、同行《どうこう》した仲間は国へ帰るよう言いましたが、覚信坊は、「死ぬほどの病ならば、帰っても死に、ここに留まっても死ぬことでしょう。また、病が治るならば、帰っても治り、ここに留まっても治ることでしょう。どちらも同じことなら、聖人の御もとにこそまいりたい、そこにおいて命尽きるものならば尽きればいい、と思ってやってまいりました」と、望みどおり聖人のもとへ来られ、語られました。このご信心、まことにうるわしく思われます。善導和尚の『観経四帖疏』の二河の譬喩に思い合わされて、本当にすばらしく、またうらやましいことです。臨終には、「南無阿弥陀仏、南無無碍光如来、南無不可思議光如来」と称えられて、手を組んで静かに息を引き取られました。また、人に遅れ、人に先立つことの常で、悲しく寂しくお思いになることでしょうが、先立って滅度の覚りに至ったときには、必ず一番初めに人々を救い取りたいという誓

善導　（六一三～六八一）。七高僧の第五祖。中国唐代の浄土教の祖師。

二河の譬喩　善導の『観経疏』「散善義」回向発願心釈に見える。はるか西方に向かう旅人の目の前に、燃

いを起こし、縁のある人・一族のもの・親しい友を導くことであります。ですから、縁あって同じみ教えの門に入っておりますので、私、蓮位も頼もしく思われますし、また、親となり子となるのも先の世の契りと申すことですから、貴方も頼もしくお思いになられるのがよいでしょう。このうるわしさ、尊さ、とても言葉で表すことはできませんので、ここで筆をとどめます。これ以上、どのようにして私の力で申し上げられましょうか。詳しいことは、また申し上げましょう。以上の手紙の内容を、間違いがあってはと思い、聖人の御前にて読み上げましたところ、「それよりすばらしい書きようはない、結構であるぞ」と、仰せをいただきました。ことに、覚信坊のところでは涙を流しておられました。本当に感慨ひとしおに思われたのであります。

十月二十九日　　蓮位

慶信御坊へ

（要　義）

「如来とひとし」の教説を始めとする慶信坊からの質問状に対して、親鸞が加筆・訂正を施し、さらに追伸の余白に簡単な返事を書き入れて、蓮位の添状とともに慶信坊に返送したもの。親鸞の筆が入った慶信坊の上書は、専修寺にその原本が

えさかる火の河、荒れ狂う水の河があらわれ、その二つの河の中間に一筋の白い道があった。そこへ盗賊や猛獣が現れ、旅人を襲おうと迫ってきた。そのとき、旅人のいる東岸からは「この道を行け」、西岸からは「迷わずすぐに渡れ」という声が聞こえてきた。盗賊たちは「そのような危ない道を行くな」と叫ぶが、旅人は迷わず白道を進み、無事に河を渡った。釈尊の教えに励まされ、阿弥陀仏に招かれて、この世（東岸）の人が浄土（西岸）におもむくさまを表す譬えである。親鸞は建長六年（一二五四）十一月十八日「二河白道摂書」を書いている（茨城県鷲子・照願寺所蔵）。

不可思議光如来　阿弥陀仏のこと。我々の思議が及ばないことをあらわす名。曇鸞の『讃阿弥陀仏偈』に「不

残される。

蓮位の添状によって、この添削形式の手紙が成った事情、また慶信坊の父である覚信坊が上洛した際の状況やその往生のさまを詳しく知ることができる。建長八年（一二五六）五月二十八日付の覚信坊に宛てた手紙（本書第十九通）には、文末に「いのち候わばからなずかならずのぼらせ給べく候」との一言があり、その親鸞の言葉が覚信坊に上洛の決意を促したものであろう。その数カ月後の康元二年（一二五七）の春には、出来上がったばかりの親鸞の『西方指南抄』を書写しているのだから、本通に描かれる覚信坊の上洛はその数カ月の間のことであったかと思われる。

親鸞の声に導かれ、ただただその尊顔を拝することを願い、病をおして上洛を遂げた覚信坊のすがたは私たちの胸を打つ。そしてまた、「御なみだをながさせたまいて候也」と、覚信坊への親愛の情をはばかることなく見せる親鸞のすがたをも、蓮位の添状は語ってくれている。

なお、覚信坊の往生の様子については、覚如《かくによ》の『口伝鈔《くでんしょう》』第十六条にもその伝承を載せている。

可思議光」と見える。

第三八通　獲字は、因位のときうる

（本　文）

獲字は、因位のときうるを獲という。得字は、果位のときにいたりてうることを得というなり。名字は、因位のときのなを名という。号字は、果位のときのなを号という。

自然《じねん》というは、自はおのずからという。行者のはからいにあらず、しからしむということばなり。然というは、しからしむということば、行者のはからいにあらず、如来のちかいにてあるがゆえに。法爾《ほうに》というは、この如来のおんちかいなるがゆえに、しからしむるを法爾という。法爾は、このおんちかいなりけるゆえに、すべて行者のはからいのなきをもて、この法のとくのゆえに、しからしむというなり。すべて、人のはじめてはからわざるなり。このゆえに、他力には義なきを義とすとしるべしとなり。自然というは、もとよりしからしむということばなり。

弥陀仏の御ちかいの、もとより行者のはからいにあらずして、南無阿弥陀とたのませたま（ママ）いてむかえんと、はからわせたまいたるによりて、行者のよからんとも、あしからんともおもわぬを、自然とはもうすぞとききて候。ちかいのようは、無上仏にならしめんとちかいたまえるなり。無上仏ともうすは、かたちもなくまします。かたちのましまさぬゆえに、自然とはもうすなり。かたちましますとしめすときには、無上涅槃とはもうさず。かたちもましまさぬようをしらせんとて、はじめて弥陀仏とぞ、ききならいて候。みだ仏は、自然のようをしらせんりょうなり。この道理をこころえつるのちには、この自然のことは、つねにさた

因位　仏となるために修行している位。

果位　修行の結果、到達した仏の位。

無上仏　この上ない最高のさとり。

無上涅槃　この上ないさとり。煩悩の火が消え智慧が完成された境地。

りょう　ため。ためのもの。

すべきにはあらざるなり。つねに自然をさたせば、義なきを義とすということは、なお義のあるになるべし。これは仏智の不思議にてあるなり。

愚禿親鸞八十六歳

正嘉二歳戊午十二月日、善法坊《ぜんぽうぼう》僧都御坊、三条とみのこうじの御坊にて、聖人にあいまいらせてのききがき、そのとき顕智《けんち》これをかくなり。

（現代語訳）

獲の字は、その身が因の位にあるときに手に入れること、それを獲と言う。得の字は、その身が果の位に至って手に入れること、それを得と言うのである。名の字は、その身が因の位にあるときの名前、それを名と言う。号の字は、その身が果の位に至ったときの名前、それを号と言うのである。

自然という言葉は、まず自というのはおのずからという意味である。行者のはからいではなく、そのようにさせるという言葉である。然というのもそのようにさせるという言葉、行者のはからいではなく、如来の誓いであるからである。法爾というのは、このような如来のお誓いであるからこそ、そうさせることを法爾と言うのである。如来のお誓いであるがゆえに、そこにはまったく行者のはからいは加わらず、すべてが法の徳のはたらきとなり、そこで、そのようにさせると言うのである。まったく、私たちがあらためてはからうべきことではない。だからこそ、他力にお

正嘉二歳　一二五八年。親鸞八十六歳。

善法坊僧都　比叡山東塔の善法院院主・尋有僧都。尋有は親鸞の実弟で、そのころ洛中に里坊を構えていた。建長七年（一二五五）、五条西洞院の寓居が火災にあった親鸞は、この里坊に身を寄せて最晩年を過ごした。

顕智　親鸞の高弟（一二二六～一三一〇）。真仏の女婿と伝え、専修寺を継ぐ。下野高田と京都を何度も往復して聞法を怠らなかった。

自然・法爾　自然は人為を加えず、おのずからそうなっている。法爾もまた法としてしからしむること。この自然法爾は法爾自然とも称し、法然は、「ほのおはそらにのぼり、水はくだりさ

いては我々のはからいを離れることを本義とすると知るべきだ、と言われるのである。自然という言葉は、元来そのようにさせる、という意味の言葉なのである。

阿弥陀仏のお誓いは、行者のはからいではなくして、「南無阿弥陀仏とまかせるように衆生を仕向けて迎え取ろう」と仏ご自身が元来御はからいになったものである。それゆえ、行者が自ら、これで善かろうとか悪かろうとか思案することのないのを自然と言うのだと聞いている。阿弥陀仏のお誓いの中身は、信心の人をこの上ない仏にならせようと誓われたものである。この上ない仏というのは、すがたかたちのないものであられる。すがたかたちがおありにならないから、自然と言うのである。かたちがあると示されるときには、この上ない覚りとは言わない。本来はすがたかたちもないのだという趣を知らせんがために、ことさらに阿弥陀仏と示されたのだと聞き習っている。

阿弥陀仏というのは、自然の趣を知らせるためのおすがたである。以上の道理を心得たのちには、この自然について、もはや常なみに穿鑿《せんさく》すべきではない。ありきたりのものの如く分別的に自然について穿鑿するなら、はからいのないことを本義とするということまでもが、なお一つのはからいとなってしまうだろう。自然とは、我々の思議の及ばない仏の智慧なのである。

愚禿親鸞八十六歳

まにながる。菓子の中にすき物あり、あまき物あり、これらはみな法爾道理也。阿弥陀ほとけの本願は、名号をもて罪悪の衆生をみちびかんとちかい給たれば、ただ一向に念仏だに申せば、仏の来迎は、法爾道理にてそなわるべきなり」（『和語灯録』巻五「諸人伝説の詞」）と述べる。

正嘉二年戊午十二月日、善法坊僧都の御坊である三条富小路の坊にて、親鸞聖人にお会いしての聞き書き。そのときに顕智がこれを書いたものである。

（要　義）

「自然法爾章」として広く知られる一通である。東国より上洛した顕智が、いくつかの疑問点を尋ね、それに寄せて語った親鸞の言葉を聞き書きしたものと思われる。専修寺に顕智の古写本が残される他、『末灯鈔』に所収され、また蓮如による文明版『三帖和讃』（一四七三刊）の巻末にも付されている。

あらゆる差別《しゃべつ》を超えた一如平等のさとりの領域と、そこから現れる阿弥陀仏の本願というかたちの救済のはたらき、その両者を、親鸞はともに自然の言葉で語る。そして、それらは不可思議と言われ、「義なきを義とす」と言われるように、私たち衆生の側から言えば、何一つ分別をさしはさむ余地のないものである。ただ、自力のはからいを離れ、如来の仰せのままに信じ受け容れる、それが唯一、自然からの自然なる救いの中に私たちが参入するあり方である。

不可思議なるものを我々の限定された分別心でつかまえ、思議を重ねて解知しようとするところに如来の領域は決して開かれはしない。それはただ、その不可思議なる領域からの声に耳をすまし、仰ぎ、信知する者のところにのみ開かれてくるのである。

第三九通　閏十月一日の御文

（本　文）

閏《うるう》十月一日の御文、たしかにみ候。かくねんぼうの御事、かたがたあわれに存候。親鸞は、さきだちまいらせ候わんずらんと、まちまいらせてこそ候つるに、さきだたせ給候事、申ばかりなく候。かくしんぼう、ふるとしごろは、かならずかならずさきだちてまたせ給候覧。かならずかならずまいりあうべく候えば申におよばず候。かくねんぼうのおおせられて候よう、すこしも愚老にかわらずおわしまし候えば、かならずかならず一ところへまいりあうべく候。明年の十月のころまでもいきて候わば、このよの面謁うたがいなく候べし。入道殿の御こころも、すこしもかわらせ給わず候えば、さきだちまいらせても、まちまいらせ候べし。人々の御こころざし、たしかにたしかにたまわりて候。なにごともなにごとも、いのちの候らんほどは申べく候。又おおせをかぶるべく候。この御ふみみまいらせ候こそ、ことにあわれに候え。中々申候もおろかなるように候、又々追申候べく候。あなかしこあなかしこ。

閏十月廿九日　　　親鸞（花押）

たかだの入道殿御返事

かくねんぼう　覚念坊。光明寺本『親鸞門弟交名牒』の別筆個所に「覚念　武蔵住」とある。なお真蹟本には「かくねむばう」とあり、後出の「かくねんばう」とは別人物と思われる。

かくしんぼう　『親鸞門弟交名牒』に「覚信　下野高田」とある。太郎入道と号し、慶信の父と認められる。親鸞の『西方指南抄』を書写した。

かくねんぼう　覚然坊。専修寺所蔵の親鸞自筆の『正像末和讃』の表紙袖書に「釈覚然」との名が見える。

入道殿　高田の入道。真仏の叔父・大内国時と伝える。

閏十月　親鸞帰洛後、閏月が十月なのは正元元年（一二五九）。親鸞八十七歳。

（現代語訳）

閏十月一日付のお手紙、確かに拝見しました。覚念坊の御こと、あれこれと思い出されて寂しいことです。さだめし、私、親鸞が先立つであろうと、その時を待ちこそしていましたのに、先立っていかれましたこと、申す言葉もありません。覚信坊も先年亡くなりましたが、間違いなく先立って浄土でお待ちになっていることでしょう。必ずお二人は出会われるに違いありませんから、何も申すに及びません。また、覚然坊の言われることは、この愚老に少しも変わるものではありませんから、私どもも必ず一つ浄土へまいることでありましょう。もし明年の十月のころまでも互いの命がありましたなら、きっとこの世でお会いできるに違いありません。入道殿、貴方の御こころも少しも異なるものではありませんから、私が貴方に先立ちましても、浄土でお待ちしていましょう。御地の方がたのご懇志、確かに確かに頂戴しました。どのようなことも、命のある限りは申し上げたいと存じます。また、そちらからもお言葉をいただきたいと思います。この度のお手紙を拝見できましたことこそ、殊に尊いことでありました。こうしてなまじ申しますのも、かえって不十分であるようです。また追って申しあげたく思います。あなかしこあなかしこ。

閏十月二十九日　　親鸞（花押）

高田の入道殿へ　お返事として

愚老　老人や僧が用いる謙遜の意を込めた自称。親鸞自身。

〔要　義〕

高田の入道より、覚念坊の往生のことが伝えられた。それに対して記された返書で、信心の者たちの浄土での会同を説く。専修寺に真蹟が残る。

有阿弥陀仏《う》に宛てた本書第三十五通にも、「この身は、いまは、としきわまりてそうらえば、さだめてさきだちて往生しそうらわんずれば、浄土にてかならずかならずまちまいらせそうろうべし」とあり、本通同様、阿弥陀仏の浄土での倶会一処《くえいっしょ》を表現する言葉が綴られている。

我々が自力に迷い、罪福を信じる心で往生を願う限り、そこに現れる浄土は、各々の分別心によって描き出された各々異なった化土でしかなく、私たちはともに出会うことはできまい。そのような各別の心ではなく、みなが同じ信心を得て、初めて私たちは一処に会することができるのである。すなわち、それは、自力各別のはからいを捨て、等しく阿弥陀仏の他力回向の信心を得るところに開かれる。阿弥陀仏の真実報土において、我々は自他を超え、時の違いを超えて、一如に溶けあうのである。

親鸞は「浄土で待つ」と言う。その教化・勧進の言葉を聞き、私たちは親鸞に出遇うべく、自力のはからいを捨てて、阿弥陀仏の誓願に耳をかたむけなければならないであろう。

第四〇通　ひとびとのおおせられて

（本　文）

ひとびとのおおせられてそうろう十二光仏の御ことのよう、かきしるしてくだしまいらせそうろう。くわしくかきまいらせそうろうべきようもそうらわず。おろおろかきしるしてそうろう。詮ずるところは、無碍光仏ともうしまいらせそうろうことを本とせさせたまうべくそうろう。無碍光仏は、よろずのもののあさましきわるきことにさわりなくたすけさせたまわん料《りょう》に、無碍光仏ともうすとしらせたまうべくそうろう。あなかしこあなかしこ。

十月廿一日　　親鸞

唯信《ゆいしん》御坊御返事

（現代語訳）

人々が言っておられる十二光仏のことについて、書き記してお送りいたします。詳しくお書きすることもできず、不十分ではありますが、したためました。詰まるところ、無碍光仏と申し上げることを基本になさってください。無碍光仏とは、すべてのものの浅ましいまでの悪を何の障りともせず救ってくださる、だからこそ無碍光仏と申し上げるのだと理解なさってください。あなかしこあなかしこ。

十月二十一日　　親鸞

唯信　『親鸞門弟交名牒』に二名あり、一名は常陸奥郡、もう一名は会津の人。いずれかは判明しない。

十二光仏　阿弥陀仏の徳やはたらきの偉大さを光で称讃した十二の異名。無量光仏・無辺光仏・無碍光仏・無対光仏・焔王光仏・清浄光仏・歓喜光仏・智慧光仏・不断光仏・難思光仏・無称光仏・超日月光仏。

無碍光仏　阿弥陀仏のこと。なにものにも碍げられないはたらきをあらわす名。

唯信御坊へ　お返事として

（要　義）

『無量寿経』上巻には、阿弥陀仏の徳やはたらきを光明で讃える十二の異名が挙げられている。本通は、その十二光仏についての解説を唯信坊のもとへ送付するにあたり、ともに添えられた手紙と見られる。

阿弥陀仏の十二光について、親鸞は最晩年に『弥陀如来名号徳』という一書を著している。現在、残されている唯一の古写本（応長元年〈一三一一〉）によれば、原本は文応元年（一二六〇）、親鸞八十八歳の筆になるという。唯信のもとへ送ったという十二光仏の解説も、おそらくそれと前後して書かれた同趣のものであろうと推測される。

阿弥陀仏の徳は、単に超人的であるから偉大であるのではない。限りなき慈悲を内に持ち、衆生救済としてはたらくからこそ偉大なのである。本通では、十二光の中でも無碍光仏という名を中心とすべきであると述べるが、阿弥陀仏の智慧の光は、どのような悪業煩悩にもさまたげられることなく、すべての衆生のもとに至り届くのだと述べて、その光徳がはっきりと衆生との接点で語られるところに、無碍光の意を重視した理由の一端があるのであろうか。

第四一通　なによりも、こぞ・ことし

（本　文）

なによりも、こぞ・ことし、老少男女おおくのひとびとのしにあいて候らんことこそ、あわれにそうらえ。ただし生死無常のことわり、くわしく如来のときおかせおわしましてそうろううえは、おどろきおぼしめすべからずそうろう。まず善信《ぜんしん》が身には、臨終の善悪をばもうさず、信心決定のひとは、うたがいなければ正定聚に住することにて候なり。さればこそ愚痴無智のひとも、おわりもめでたく候え。如来の御はからいにて往生するよし、ひとびともうされ候ける、すこしもたがわず候なり。としごろ、おのおのにもうし候しこと、たがわずこそ候え。かまえて学生《がくしょう》沙汰《ざた》せさせたまい候わで、往生をとげさせたまい候べし。故法然聖人は「浄土宗のひとは愚者になりて往生す」と候しことを、たしかにうけたまわり候しうえに、ものもおぼえぬあさましき人々のまいりたるを御覧じては、「往生必定すべし」とて、えませたまいしをみまいらせ候き。ふみさたして、さかさかしきひとのまいりたるをば、「往生はいかがあらんずらん」と、たしかにうけたまわりき。いまにいたるまで、おもいあわせられ候なり。ひとびとにすかされさせたまわで、御信心たじろかせたまわずして、おのおの御往生候べきなり。ただし、ひとにすかされたまい候わずとも、信心のさだまらぬひとは正定聚に住したまわずして、うかれたまいたるひとなり。乗信房にかようにもうしそうろうようを、ひとびとにももうされ候べし。あなかしこあなかしこ。

文応元年十一月十三日　　　　善信八十八歳

こぞ・ことし　去年と今年。ここでは正元元年（一二五九）と文応元年（一二六〇）。両年、天変地異により多くの死者が出た（『北条九代記』等）。

善信　親鸞の吉水時代の名。のち房号とされた。

正定聚　往生が正しく定まり、必ずさとりをひらくことのできるともがら。

愚痴無智　愚かで智慧のないこと。

としごろ　数年来。

学生沙汰　学識を誇って是非を論じあうこと。

故法然聖人　（一一三三〜一二一二）。法然房源空。浄土宗の開祖。親鸞の師。

あさましき人々　身分が低く

乗信御房

＊

（現代語訳）

　なによりも、去年・今年と、老少男女の多くの人々の死に遭いましたことこそ、寂しいことです。けれども、生死無常の道理は、すでに詳しく如来が説いておられることなのですから、改めて驚かれるには及びません。ともあれ、私、善信においては、臨終の善し悪しを問うことはしません。信心の定まった人は、阿弥陀仏のお誓いを疑う心がないのですから、必ず往生する身と決まっています。だからこそ、愚かで無智な人も、何の心配もなく臨終を迎えることができるのです。如来の御はからいによって往生するのだと人々が申されましたことは、少しも間違ったことではありません。年来、方がたに申してきたことも、それに異なるものではないのです。決して学者ぶった議論をなさらないで、浄土往生を遂げられてください。

　亡き法然聖人が、「浄土の教えに生きる人は、愚者になって往生するのである」と言われたことを確かにお聞きしましたうえに、何の教養もわきまえもない人々がやって来るのをご覧になっては、「必ず往生するに違いない」とおっしゃって、微笑まれるのを拝見しました。学問を修めて、いかにも賢そうな人がやって来ますと、「往生はどうであろうか」と言われるのも確かに承りました。今にいたるまで、自

貧しい人々。

ふみさた　文字にとらわれて、分別しはからう。

さかさかしきひと　自らの賢さを誇る人。

すかされ　だまされる。

乗信房　『親鸞門弟交名牒』に「乗信　同国（常陸奥郡）住」とある。

＊　『末灯鈔』ではこのあと、「この御消息の正本は坂東下野国おうちの庄高田にこれあるなりと云々」との註がある。

生死無常　人の生と死は定まりのないこと。人生のはかないこと。

ずと思い当たることです。どうか、他の人々に惑わされて信心を動揺させることなく、それぞれにご往生なさってください。もっとも人に惑わされずとも、信心の定まらない人は、浄土に生まれる身と定まることはなく、心の落ち着きどころのない人であります。

乗信房にこのように申しましたことを、他の人々にもお伝えくださいますよう。あなかしこあなかしこ。

文応元年十一月十三日　　善信八十八歳

乗信御房

〔要　義〕

去年・今年と人々の死が続いたことを悼みつつ、念仏者は臨終の善悪にかかわることなく救われると説き、あわせて、学者ぶった議論に走ることを諫《いさ》める乗信房への手紙。親鸞八十八歳の文応元年（一二六〇）十月、日付の残される消息の中で最も晩年のものである。

半世紀以上も前に見聞した恩師・法然の行実を、本通において、親鸞はあたかも昨日のことのように鮮やかに書き綴る。それは、師の教えの一つ一つが、単なる知識として吸収されたのではなく、いかに親鸞の血肉となっていたかを物語るものであろう。「智慧の法然房」と世に讃えられたその人も、阿弥陀仏の救いの前には、我が身を「愚痴の法然房」・「十悪の法然房」と打ち出して救われていく。まさしく、「聖道門の修行は、智慧をきわめて生死をはなれ、浄土門の修行は、愚痴にかへりて極楽にむまる」（『西方指南抄』下本「浄土宗の大意」）と語られるように、浄土の救いは、自力の学問や修行を極めていった先に到達するものではなく、自らの愚かさ、罪深さに自力が打ち砕かれたところに仰がれる救いである。こうして、親鸞もまた自らを「愚禿《ぐとく》」と名告《なの》っていったのであった。

なお、本通に載せる法然の言葉、「浄土宗のひとは愚者になりて往生す」は、親鸞編纂の『西方指南抄』を始め、所々に見出だすことができる。『一枚起請文』の、「念仏を信ぜん人は、たとい一代の法をよくよく学すとも、一文不知の愚鈍の身になして、尼入道の無智のともがらにおなじくして、智者のふるまいをせずして、ただ一向に念仏すべし」も、同趣の文と言えるであろう。

第四二通　ひたちの人々の御中へ

（本　文）

ひたちの人々の御中へ、このふみをみせさせ給え。すこしもかわらず候。このふみにすぐ

ひたち　現在の茨城県の大部分。

べからず候えば、このふみをくにの人々、おなじこころに候わんずらん。あなかしこあなかしこ。

（花押）

十一月十一日

いまごぜんのははに

（現代語訳）

常陸の人々に同封の手紙をお見せになってください。それは私の気持ちと少しも相違するものではありません。この手紙にまさるものはありませんから、国の人たちも私と同じ気持ちでご覧くださるでしょう。あなかしこあなかしこ。

（花押）

十一月十一日

今御前の母に

（要　義）

おそらく覚信尼《かくしんに》のことかと思われる「いまごぜんのはは」に宛てた短書簡。西本願寺に真蹟が残る。

文中に「このふみ」として国許での披露を指示されている手紙は、本書第四十三通の「ひたちの人々」宛の手紙である。

いまごぜんのはは　今御前の母。この人は常陸の人びとと関わりの深いことから、常陸の生まれ、すなわち親鸞の末子・覚信尼と思われる。その場合、「今御前」は覚恵のこと。

第四三通　このいまごぜんのははの

（本　文）

このいまごぜんのははの、たのむかたもなく、そろうをもちて候わばこそ、ゆずりもし候わめ。ぜんしに候なば、くにの人々、いとおしうせさせたまうべく候。このふみをかく、ひたちの人々をたのみまいらせて候えば、申おきてあわれみあわせたまうべく候。このふみをごらんあるべく候。このそくしょうぼうも、すぐべきようもなきものにて候えば、申おくべきようも候わず。みのかなわず、わびしう候ことは、ただこのこと、おなじことにて候。ときにこのそくしょうぼうにも、申おかず候。ひたちの人々ばかりぞ、このものどもをも、御あわれみあわれ候べからん。いとおしう、人々あわれみおぼしめすべし。このふみにて、人々おなじ御こころに候べし。あなかしこあなかしこ。

十一月十二日　　　　　　　　　　　　ぜんしん（花押）

ひたちの人々の御中へ

そろう　所領。領有する土地。

ぜんしに候なば　「ぜん」は善、「し」は死。この善信（親鸞）が死んだならば。

そくしょうぼう　即生房。親鸞の息男か。

ぜんしん　善信房親鸞。

ひたち　現在の茨城県の大部分。

（現代語訳）

この今御前の母は頼みとするところもなく、私が所領でも持っておればこそ、それを譲りもしましょうが、残念ながらそれもかないません。私が死にましたならば、どうか常陸の皆さま、この者たちを不憫に思ってやってください。この手紙を宛てます常陸の方々をお頼みしておりますので、ともども申し置かれて、哀れみをおかけください。この手紙をきっとご覧ください。この即生房も糊口を凌ぐ術も持たないものですから、なんとも言い遺してやる手立てがございません。この身にとりまして、やりきれないこと、心細いことはただこのことばかり、いつも同じことであります。ときに、この即生房にも何も言い遺してはおりません。常陸の方がただけが、必ずやこの者たちをともに哀れんでくださることでしょう。どうか皆さま、かわいそうにと哀れんでやってください。この手紙をご覧になって、方がたも私と同じ気持ちになられるに違いありません。あなかしこあなかしこ。

十一月十二日　　　　ぜんしん（花押）

常陸の人々へ

（要　義）

自身亡き後の「いまごぜんのはは」と「そくしょうぼう」の身の上を案じ、その扶助を常陸の同朋たちに願う手紙。前通と一具のもの。

西本願寺に伝えられる真蹟には筆勢の衰えが見られ、親鸞最晩年の、いわば遺言状にも相当する書簡と見られる。「いまごぜんのはは」・「そくしょうぼう」の比定にあたっては、それぞれ息女・覚信尼《かくしんに》、息男・有房《ありふさ》（益方《ますかた》入道）を始め多説が存するが、いずれにせよ、親鸞の近親者であることは間違いない。肉親についてはほとんど語ることのない親鸞が、忌憚なくその憂慮をあらわし、繰り返し繰り返し扶持を懇願する異色の手紙であり、余命いくばくもない親鸞の、親としての最後の心尽しがうかがわれる。

○親鸞書簡一覧表

本書	年※1	月日	宛名	署名	本文の書き出し	真蹟	古写	末	消	善	血
一		三、二八	わ□ごぜん	(花押)しんらん	いやおんなのこと	西					
二	建長三	閏九、二〇		釈親鸞七十九歳	来迎は諸行往生にあり		専	1			
三		一二、二六	教忍	親鸞	護念坊のたよりに				8		
四	建長四	一二、二四			方々よりの御こころざし			20	1		
五					この明教坊ののぼられて				2		
六					御ふみたびたびまいらせ			19	3		
七					善知識をおろかにおもい				4		
八		一一、二四		親鸞	なによりも聖教のおしえ			16	5		
九		九、二	念仏の人々	親鸞	まずよろずの仏・菩薩を				9		
一〇			慈信	親鸞	ふみかきてまいらせそうろう				10		
一一		一一、九	慈信	親鸞	九月廿七日の御ふみ				11		
一二		二、三		親鸞	なにごとよりは如来				6		
一三		七、九	性信	親鸞	六月一日の御文				7		
一四	建長七	一〇、三		愚禿親鸞八十三歳	かさまの念仏者	東	専	2			1
一五		一二、一五	真仏	(花押)	このえん仏ぼう、くだられ候	専					
一六			性信	親鸞	くだらせたまいてのち				13		
一七		一、九	真浄	親鸞	さては念仏のあいだのこと				12		
一八					『宝号経』にのたまわく			22			
一九	建長八	五、二八	覚信	(花押)	四月七日の御ふみ	専		11	14		
二〇	建長八	五、二九	慈信	在判	おおせられたる事		専				
二一		五、二九	性信	親鸞	この御ふみどもの様						2
二二	〔正嘉元〕	閏三、二		親巒	また五説というは			8			
二三		九、七	性信	親鸞	武蔵よりとて						4

二四		一〇、六	しのぶ	親鸞(花押)	たずねおおせられて候	専		13		4	
二五	正嘉元	一〇、一〇	性信	親鸞	信心をえたるひとは			3		5	5
二六	正嘉元	一〇、一〇	真仏	親鸞	これは経の文なり			4		6	
二七		一一、一八	専信	親鸞	おおせ候ところの					7	
二八		一一、二五	〔真仏〕※2	親鸞	他力のなかには			17	16		
二九		一一、二六	随信	親鸞	御たずねそうろうことは			18			
三〇		一二、二五	慶西	親鸞	諸仏称名の願ともうし				18		3
三一		〔一二、二五〕	〔浄信〕※3		如来の誓願を信ずる心	専		7		2	
三二		〔一二、二五〕	〔浄信〕	〔親鸞〕※4	安楽浄土にいりはつれば			21			
三三		五、五	じょうしん	親鸞(花押影)	御ふみくわしくうけ給候ぬ		専	10			
三四		五、五	きょうよう	親鸞(花押影)	御ふみくわしくうけ給候ぬ		専	9			
三五		七、一三	有阿弥陀仏	親鸞	たずねおおせられ候			12			
三六		一〇、二一	浄信	親鸞	たずねおおせられて候事	専		15	15		
三七		一〇、二九	慶信		南無阿弥陀仏をとなえて	専		14		1・3	
三八	正嘉二	一二、一四		愚禿親鸞八十六歳	獲字は、因位のときうる		専	5			
三九	〔正元元〕	閏一〇、二九	たかだの入道	親鸞(花押)	閏十月一日の御文	専					
四〇		一〇、二一	唯信	親鸞	ひとびとのおおせられて				17		
四一	文応元	一一、一三	乗信	善信八十八歳	なによりも、こぞ・ことし			6			
四二		一一、一一	いまごぜんのはは	(花押)	ひたちの人々の御中へ	西					
四三		一一、一二	ひたちの人々	ぜんしん(花押)	このいまごぜんのははの	西					

◎略称

専＝専修寺　西＝西本願寺　東＝東本願寺

末＝末灯鈔　消＝親鸞聖人御消息集

善＝善性本御消息集　血＝血脈文集

◎　一覧表の作成については、本書にテキストとして掲載した各書簡（表中に網がけで示す）の表記に基づいている。ただし、

※1　閏月より推定される発行年については、〔　〕内に記した。

※2　テキストとした『末灯鈔』には宛名がないが、『親鸞聖人御消息集』より補った。

※3　テキストとした真蹟本には別筆として宛名を載せ、また、善性本『御消息集』では本書第三二通と一連のものとして日付を記すことより、両者を補った。

※4　テキストとした『末灯鈔』には日付・宛名・署名ともないが、善性本『御消息集』より補った。

親鸞帰洛後の略年譜

（閏月はその月を○でかこんだ）

西暦	和暦	干支	齢	親鸞関係事項	浄土宗関係事項	一般事項
一二三五	嘉禎元	乙未	63	六月一九日、親鸞、『唯信鈔』（平仮名）を書写。 親鸞、このころ帰洛。 如信生まれる。	三月五日、聖覚没（六九歳）。 七月、幕府かさねて専修念仏を禁止。 証空、『選択密要決』を著わす。	一月、幕府、僧徒の武装を禁止。 円爾弁円入宋。
一二三六	二	丙申	64		一月、信瑞、『浄土三部経意義集』を著わす。 八月、良忠、弁長に会う。 源智、『選択要決』を著わす。	
一二三七	三	丁酉	65	七月、源氏女、大谷北地を祖母御前に譲る。	一月二五日、眈空、『本朝祖師伝記絵詞』の編著にかかる。 六月、弁長、『徹選択集』を著わす。 八月、良忠、『領解末代念仏授手印鈔』を書き、弁長より印可をうく。 弁長、『識知浄土論』を著わす。	
一二三八	暦仁元	戊戌	66		㊂月二九日、弁長没（七七歳）。 一二月一一日、源智没（五六歳）。	三月、鎌倉大仏成る。
一二三九	延応元	己亥	67	八月、小河氏女、大谷北地を姫御前に譲る。	二月、智真（一遍）生まれる。 三月『選択集』刊行。	
一二四〇	仁治元	庚子	68		五月、延暦寺衆徒、祇園神人に専修念仏を停止させる。	三月、凝然生まれる。

一二四一	二	辛丑	69	一月、親鸞、『唯信鈔』を書写。		七月、円爾弁円帰朝。 八月、藤原定家没。
一二四二	三	壬寅	70	九月二一日、定禅、入西の求めにより親鸞の絵像を画く。		五月、明禅没。 九月一二日、順徳上皇、佐渡で崩ず（四六歳）。
一二四三	寛元元	癸卯	71	一二月二一日、親鸞、下人譲状を書いて、いや女が、照阿弥陀仏より東女房に譲り渡されたことを認証する。	秋、信寂、遠江で念仏を勧む。	八月、九条道家、東福寺を建立。
一二四四	二	甲辰	72	四月、尊蓮、『弥陀経義集』を書写。	三月、信寂没。	七月、波多野義重、越前に道元を迎える。
一二四五	三	乙巳	73		八月、『安楽集』刊行。	七月、京都大地震。
一二四六	四	丙午	74	三月、親鸞、『唯信鈔』・『自力他力事』を書写。 四月、比丘尼、大谷奥地を源氏女（照阿）に譲る。	四月、良遍、『善導大意』を著わす。	
一二四七	宝治元	丁未	75	二月五日、尊蓮、『教行証文類』を親鸞自筆本より書写。	四月、幸西没（八五歳）。 一一月二六日、証空没（七一歳）。	八月、北条時頼、道元を鎌倉に招く。
一二四八	二	戊申	76	一月二一日、親鸞、『浄土和讃』・『高僧和讃』を著わす。	二月、『往生拾因』刊行。 良忠、京都で布教して信濃へ行く。	
一二四九	建長元	己酉	77		良忠、信濃より東国へ赴く。	三月、京都大火。
一二五〇	二	庚戌	78	一〇月一六日、親鸞、『唯信鈔文意』を著わす。	二月一一日、良忠、『浄土大意鈔』を著わす。 夏、『群疑論』刊行。	三月、幕府、延暦寺・大和の悪党の乱暴を禁止。
一二五一	三	辛亥	79	三月一二日、平塚入道没。	一一月、念阿没（九五歳）。	二月、熊野本宮焼亡。

				㊈月二〇日、親鸞、書状に常陸の「有念無念」を禁ずる。 一〇月一三日、明法没。		一〇月、宗性、『日本高僧伝要文抄』を著わす。
一二五二	四	壬子	80	二月二四日、親鸞、書状を書き東国の「造悪無碍」を戒める。 三月四日、親鸞、『浄土文類聚鈔』を著わす。		二月、九条道家没。 四月、宗尊親王、将軍となる。 良遍没。
一二五三	五	癸丑	81		七月二七日、湛空没（七八歳）。	三月、『高山寺縁起』成る。 四月、日蓮開宗。 八月二八日、道元没（五四歳）。
一二五四	六	甲寅	82	二月、親鸞、『唯信鈔』を書写。 九月一六日、親鸞、『後世物語聞書』を書写。 一一月一八日、親鸞、「二河譬」（延書）を抄出して書写。 一二月、親鸞、『浄土和讃』を書写。	八月、良忠、『選択伝弘決疑鈔』を著わす。	㊄月、京都大地震。
一二五五	七	乙卯	83	四月二三日、親鸞、『一念多念分別事』・『自力他力事』を書写。 四月二六日、親鸞、『浄土和讃』を書写。 五月二三日、親鸞、源空書状「上野住人大胡太郎への御返事」を書写。 六月二日、親鸞、『尊号真像銘文』（略本）を著わす。 六月三日、専信、『教行証文類』を書写。		二月、北条時頼、千人を動員して建長寺の巨鐘を鋳造する。

一二五六	康元元	丙辰	84	七月一四日、親鸞、『浄土文類聚鈔』を書写。 八月二七日、親鸞、『愚禿鈔』を著わす。 一〇月三日、親鸞、常陸笠間の念仏者に回答の書状を書く。 一一月晦日、親鸞、『皇太子聖徳奉讃』を著わす。 一二月一〇日、親鸞、火災にあう。 朝円、親鸞の絵像（安城御影）を画く。 二月、蓮位、親鸞が弥陀化身であるとの夢想を感得。 三月二三日、親鸞、『入出二門偈頌文』を著わす。 三月二四日、親鸞、『唯信鈔文意』を書写。 四月一三日、親鸞、『四十八誓願』を著わし、「念仏者疑問」を書写。 五月二八日、親鸞、高田の覚信に返信の書状を書く。 五月二九日、親鸞、慈信義絶状を書く。 七月九日、恵信尼、越後において覚信尼へ下人譲状を送る。	三月、良忠、『聞書往生論註』を書き、下総・常陸を教化。 良忠、『群疑論見聞』を著わす。	八月、鎌倉大風洪水。 一一月、北条長時、執権になる。 一二月、鎌倉火災。

一二五七	正嘉元	丁巳	85	七月二五日、親鸞、『浄土論註』に加点。 九月一五日、恵信尼、重ねて下人譲状を書く。 一〇月一三日、真仏・顕智・専信ら、三河矢作の薬師寺で念仏を勧める。 親鸞、一〇月一三日から翌年初めにかけて『西方指南抄』を書写。 一〇月二五日、親鸞、八字・十字の尊号を書く。 一一月二九日、親鸞、『往相廻向還相廻向文類』を著わす。 一二月、顕智、京都よりの帰途、三河で念仏を勧める。 この年、源海、上京して親鸞の弟子となる。 一月一一日、親鸞、『唯信鈔文意』を写して顕智に与える。 一月二七日、同じく信証に与える。 二月九日、親鸞、夢に「弥陀の本願信ずべし」の文を感得。 二月一七日、親鸞、『一念多念文意』を著わす。 二月三〇日、親鸞、『大日本粟散王聖徳太子奉讃』を著わす。	一月、良忠、『往生礼讃聞書』を著わす。 二月、同じく『決答授手印疑問鈔』を著わす。 三月、『私聚百因縁集』成る。 一一月、実信房蓮生、西山往生院で不断念仏を行う。 一二月、良忠『倶舎論宗要集』成る。	八月、鎌倉大地震。

一二五八	二	戊午	86	三月二日、親鸞、『浄土三経往生文類』（広本）を書写。 ㊂月一日、親鸞、執筆中の『正像末和讃』に二月九日の夢告を記す。 ㊂月二一日、親鸞、『如来二種廻向文』を著わす。 五月一一日、親鸞、『上宮太子御記』を著わす。 六月四日、親鸞、『浄土文類聚鈔』を書写。 八月六日、親鸞、『一念多念文意』を書写。 八月一九日、親鸞、『唯信鈔文意』を書写。 三月四日、真仏没（五〇歳）。 六月二八日、親鸞、『尊号真像銘文』（広本）を著わす。 七月二七日、平氏女、大谷北地を小野宮禅念に譲る。 八月一八日、親鸞、『三部経大意』を書写。 九月二四日、親鸞、『正像末和讃』を再治。 一〇月二九日、蓮位、親鸞より慶信への返信に添状を付す。	三月、良忠、『伝通記』を著わす。 九月、良忠、『浄土宗行者用意問答』を著わす。	五月、興福寺の訴により、園城寺戒壇建立の宣下停止。 九月、諸国に盗賊蜂起、幕府、守護に禁圧させる。

一二五九	正元元	己未	87	一二月一四日、顕智、三条富小路の善法院で「自然法爾」の書を写す。 九月一日、親鸞、『選択集』（延書）を書写。 ⑩月一日、親鸞、高田の入道に書状を送り覚念の死を悼む。	一一月一二日、宇都宮蓮生没（八八歳）。 良忠『選択伝弘決疑鈔裏書』成る。	諸国飢疫、死者多し。
一二六〇	文応元	庚申	88	一一月三日、親鸞、『浄土三経往生文類』（広本）を書写。 一二月二日、親鸞、『弥陀如来名号徳』を著わす。	三月、良忠、『徹選択集鈔』を著わす。	五月、日蓮、『題目鈔』を著わす。 七月、日蓮、『立正安国論』を著わす。
一二六一	弘長元	辛酉	89	一一月、恵信尼病む。		二月、幕府、念仏者の集りに女性の参加を禁止。 五月、日蓮、伊豆に流される。
一二六二	二	壬戌	90	一一月下旬、親鸞病臥。 一一月二八日、没。 一一月二九日、東山に葬送。 一一月三〇日、納骨。 一二月一日、覚信尼、恵信尼に父親鸞の入寂を報告。	二月、幕府、金沢称名寺の不断念仏を禁止。	二月、叡尊、鎌倉へ下る。

〈中古の東国略図〉

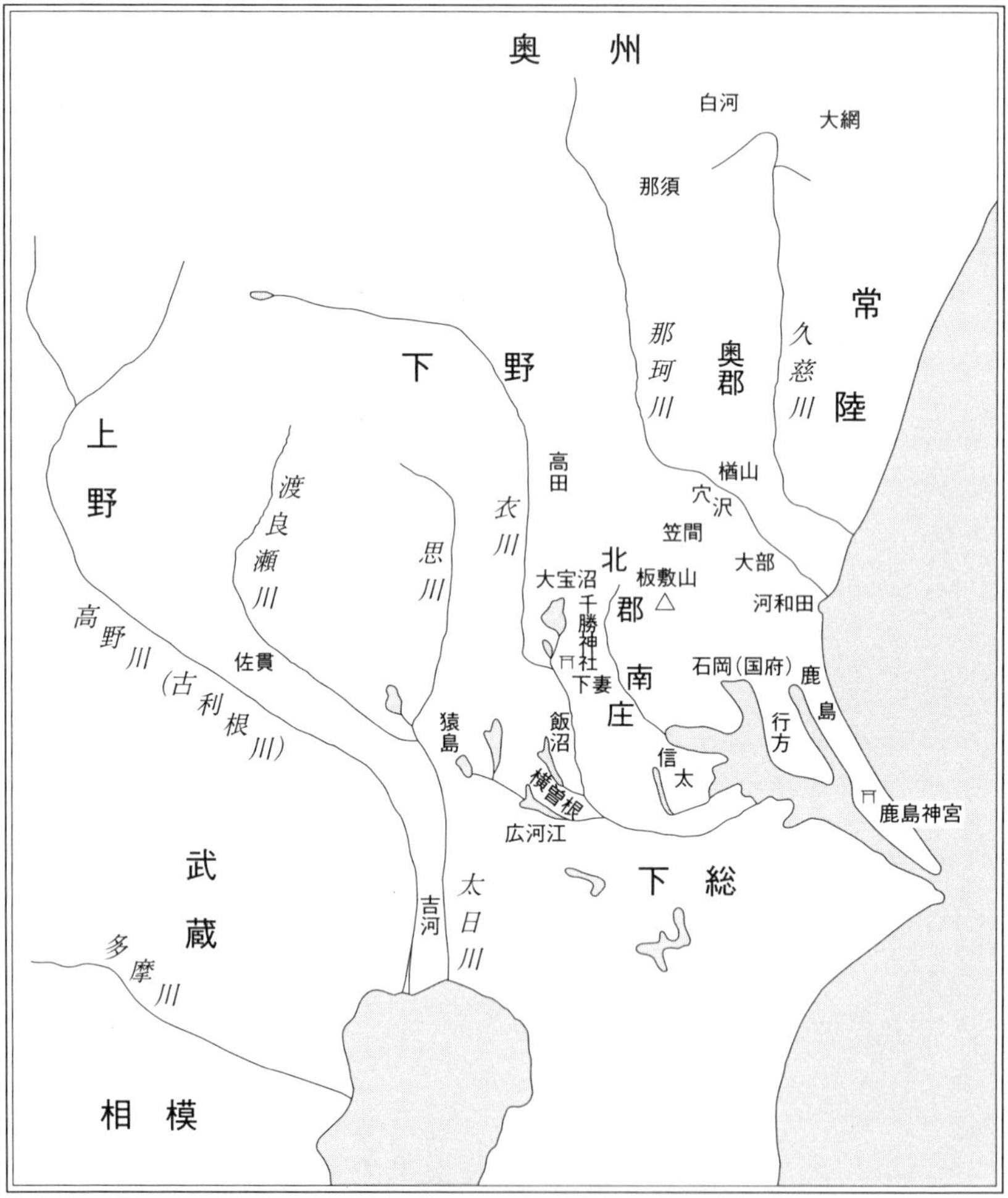

親鸞の東国における足跡、および書簡等に現れる東国の門弟の住所を見る上で参考となる地名を記した。

〈京洛の親鸞関係地図〉

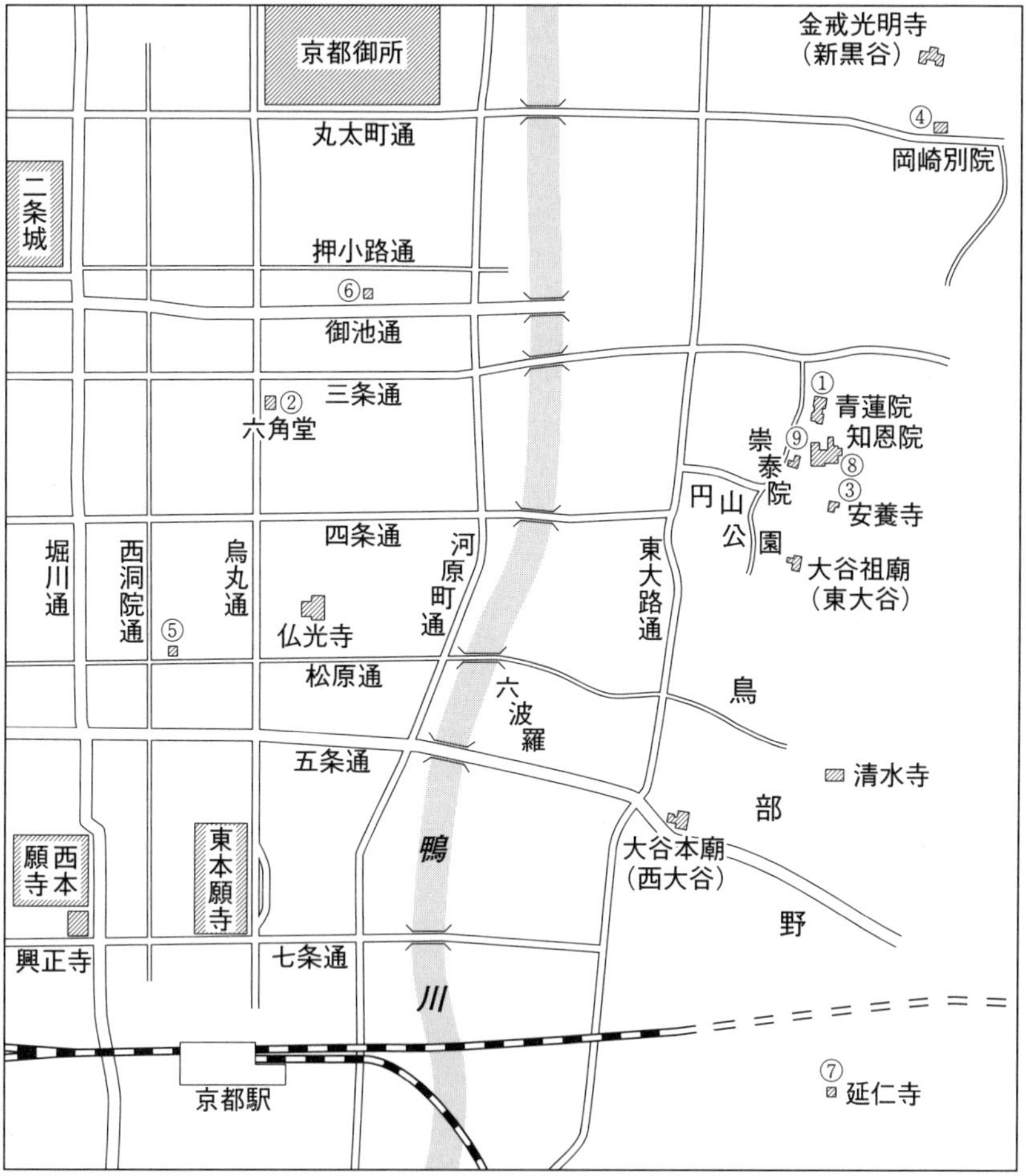

（流謫前）①青蓮院／得度の地と伝える（９歳）。
②六角堂／百箇日の参籠（29歳）。
③吉水／法然の草庵跡。
④吉水の草庵へ通った際の住居があった場所と伝える。

（帰洛後）⑤五条西洞院あたり／帰洛後に居住した地と伝える。
※かつての五条通は現在の松原通にあたる。
⑥善法院／終焉の地（90歳）。
⑦延仁寺／荼毘所と伝える。
⑧大谷／最初の墓所と伝える。
⑨吉水の北の辺／廟堂跡。

解説

浄土真宗を開かれた祖師・親鸞聖人（一一七三～一二六二）が、妻子と共に生活された常陸国笠間郡稲田（現・茨城県笠間市）を後にして、再び京都へと帰られたのは、還暦を越えた文暦元年（一二三四）、聖人六十二歳の頃であっただろうと推測されている。帰洛された聖人は、長年月をかけて撰述されてきた『顕浄土真実教行証文類』に、さらに加筆・校訂を施してその成立に心血をそそがれ、またその完成後は和讃を初めとする多くの述作を著しておられる。

一方で、そういった聖人の許へは、時として、二十余年の伝道の地・東国よりはるばる上洛し、親しく聖人の謦咳に接する人びともあった。しかし、その多くは消息を通して国許の動静が報告され、それに対して、真宗念仏の伝統をまもるべく、聖人はみずから筆を執って懇切に消息を記された。

こうして書かれた「御消息」と言われる文書は、いわゆる親鸞自筆すなわち真蹟が現在も十一通残され、古写も顕智（一二二六～一三一〇）書写二通（慈信房義絶状・自然法爾章）をはじめ数通が伝えられている。またその他に、各地の門弟によって書簡集として早くからまとめられており、聖人滅後ほど遠からぬ南北朝期までに、善性本『御消息集』七通（横曾根・善性編か）、『親鸞聖人御消息集』十八通（常陸の門弟によるか）、『五巻書』五通（高田・顕智編）、『血脈文集』五通（横曾根門徒系による）、そして正慶二年（一三三三）、聖人の玄孫にあたる従覚（一二九五～一三六〇）によって編集された『末灯鈔』（この書名は大谷大学蔵の禿庵文庫・蓮如所持本による。内題は「本願寺親鸞大師御己証並辺州所々御消息等類聚鈔」）二十二通が成立している。この中には重複するものが多く、一方でまた編修の相違もいくつか見られるが、それら伝えられる全消息を整理すると、親鸞聖人の御消息として四十三通を数えることができる。

全四十三通の御消息の中には法語と見られるものも数通含まれているが、多くは具体的な対告衆と課題のもとに書かれた文書である。したがって、これらの御消息を通して、晩年における聖人の信境を窺うことが可能であるばかりでなく、聖人の伝道、すなわちその「自信教人信（自ら信じ人を教えて信ぜしむ・善導『往生礼讃』の文）」のこころや門弟との親交、また聖人が去られたあとの東国の動静を窺知することができる。無論、これらの御消息は年時が省略されたものが多く、その全てを正確に年時順に配列するにあたっては、より広い視野からの考察・検討が必要ではあるが、今回、試みに全四十三通を年時順に配列し（一覧表参照）、もって当時の東国における真宗門弟の情勢を垣間見る一助としてみたい。

＊　＊　＊　＊　＊

まず筆頭にあげた「わ□ごぜん」宛消息（本書第一通）は、西本願寺に親鸞の真蹟を伝えるものである。宛て名の「わうごぜん（王御前）」とは親鸞の末子・覚信尼の俗名であることが、内室・恵信尼の書簡の研究により、今日ではほぼ一般に認められている。書中において行く末を案じられている「いやおむな」については、同じ西本願寺に寛元元年（一二四三）十二月二十一日付の「いや女譲状」が存し、そこにおいて親鸞はいやおんなの譲渡を保証するような役割を果たしていることが知られる。この「わ□ごぜん」宛消息には年時が記されてはいないものの、「譲状」が書かれた親鸞七十一歳を大きく隔たるものとは考えられず、他の御消息に比して最も早い成立と見なした。

また、同じく真蹟を西本願寺に伝える十一月十一日付の「いまごぜんのはは」宛消息（本書第四十二通）と十一月十二日付の「ひた□（常陸）の人々」宛消息（本書第四十三通）とは一具のもので、自身亡き後の「いまごぜんのはは（今御前の母）」と「そくしやうばう（即生房）」の扶持を常陸の同朋に願う内容となっている。この「いまごぜんのはは」・「そくしやうばう」の比定に当たってはさまざまな説が存するが、いずれにせよ、その内容及び真蹟の乱れた筆跡からすると、親鸞最晩年のいわゆる遺言状にもあたる御消息と思われ、全消息中の最後に配した。

さて、以上の三通を除く御消息四十通のうち、差出し年時のわかるものは、年時の記されている八通と、さらに上書および閏月から推定できるもの三通の計十一通であり、その中、最も早いものは建長三年（一二五一）閏九月二十日付、親鸞七十九歳の御消息（本書第二通）、最後は八十八歳の文応元年（一二六〇）十一月十三日付乗信宛（本書第四十一通）のものである。また他の年時不明の二十九通についても、その文面・内容から見て概ねこうした親鸞晩年の消息と推定して差し支えない。そしてこれら四十通の御消息を内容より大別すると、まず、(1)建長三、四年の有念無念等の諍論関係、ついで、(2)建長八年前後の善鸞の異義関係、さらに、(3)法門の質疑に対する返信、この三類となり、おおよそこの順にそって、約十年間の動向を見ることができるのである。

(1)

東国を去って二十年近く、親鸞七十九歳の建長三年閏九月二十日付の御消息（本書第二通）には、外題（専修寺蔵古写）の「有念無念」という言葉が示すように、有念無念・臨終来迎などの問題が浄土真宗の立場から詳しくあかされている。また同様に十二月二十六日付の教忍宛御消息（本書第三通）においても、「阿弥陀如来の選択本願は、有念の義にもあらず、無念の義にもあらずともうしそうろうなり。いかなる人もうしそうろうとも、ゆめゆめもちいさせたまうべからずそうろう。…（中略）…常陸国中の念仏者のなかに、有念・無念の念仏沙汰のきこえそうろうは、ひがごとにそうろうと、もうしそうらいき」と、常陸の人々が有念無念等の諍論に執心することを厳しく戒めており、当時、東国門侶の間に発生した教義上の諍論に対して、京洛の親鸞より教化の消息が度々送られていたであろうことが推察される。言うまでもなく、念仏をめぐる異義・諍論といったものは、それまでもまたそれ以降もさまざまなかたちで常に存在し、それらの多くは一念・多念の偏執より発生したことと考えられるが、そういった偏執が誤りであることは、御消息中にも「一念多念のあらそいなんどのように、詮なきこと、論じごとをのみもうしあわれてそうろうぞかし。よくよくつつしむべきことなり」（本書第十二通）等、しばしば言及されるところである。そのような東国の状況に対し、親鸞は上掲の如き懇切な消息を書くとともに、聖覚法印（一一六七～一二三五）の『唯信鈔』や隆寛律師（一一四八～一二二七）の『一念多念分別事』等の書物を書き写して送り、その熟読を繰り返し促している。この二師は親鸞の法兄にあたる法然門下の上足であり、親鸞は「この世にとりてはよきひとびとにておわします。すでに往生をもしておわしますひとびとにてそうらえば、そのふみどもにかかれてそうろうには、なにごともなにごともすぐべくもそうらわず。法然聖人の御おしえを、よくよく御こころえたるひとびとにておわしますにそうらいき。さればこそ往生もめでたくしておわしましそうらえ」（本書第六通）と深い敬慕を記す。しかしその一方で、たとえ同じ法然門下の学生であっても、師亡きあと、師恩に背き、師教から掛け離れた念仏義を唱えるにいたったものに対しては、「法然聖人の御弟子のなかにも、われはゆゆしき学生なんどと、おもいたるひとびとも、この世にはみなようように法門もいいかえて、身もまどい、ひとをもまどわして、わずらいおうてそうろうなり」（本書第四通）と厳しい眼を向けている。このような状況からすれば、法然滅後およそ四十年を経た当時、一様に法然の門流を標榜し浄土の教えを掲げる伝道者たちの教説が、その実、大に小に相違し、その念仏義に接した多くの人々に教義上の混乱をもたらしたであろうことは容易に想像がつく。しかして、まさしく建長年間（一二四九～一二五六）のはじめ、浄土の他流である鎮西義の然阿良忠（一一九九～一二八七）が信濃より東関に入り、上野・下野・下総・常陸・武蔵地方で広く教線を張っていたのであった。良忠は法然の高弟である弁阿弁長の後を承け、鎮西義の第三祖となった碩学であり、親鸞という絶大な求心力の存在を欠く東国の地において、この良忠の積極的な教化が人々に影響を及ぼし、真宗の念仏義を揺るがす諍論が起こることの一因にもなったと考えられる。

有念無念・一念多念の諍論とともに、御消息にはいわゆる造悪無碍の横行とそれに対する親鸞の誡めが繰り返し登場する。一念義への偏執と曲解によって惹起される造悪無碍については、後に唯円（?〜一二八八）によって著される『歎異抄』にも「御消息に、くすりあればとて毒をこのむべからず」（第十三条）と記され、そこに示される如く、建長四年（一二五二）二月二十四日付の御消息（本書第四通）には、「煩悩具足の身なればとて、こころにまかせて、身にもすまじきことをもゆるし、くちにもいうまじきことをもゆるし、こころにもおもうまじきことをもゆるして、いかにもこころのままにてあるべしともうしおうてそうろうらんこそ、かえすがえす不便におぼえそうらえ。えいもさめぬさきになおさけをすすめ、毒もきえやらぬに、いよいよ毒をすすめんがごとし。くすりあり毒をこのめとそうろうらんことは、あるべくもそうらわずとぞ、おぼえ候」と、厳しく親鸞の言葉が響く。なおこの御消息には、上洛した明教より「明法御坊の往生のこと」を伝え聞いた旨が誌されるが、この明法は『親鸞伝絵』の「明法房改悔」段（下の三）に載せられる親鸞の直弟で、その往生は建長三年（一二五一）十月十三日であったと伝える（『大谷遺跡録』三）。かつて親鸞の命をも奪おうと図った疑謗造悪の徒・明法は、親鸞にまみえ、たちどころに前非を悔い、念仏の人となったという。「なにごとよりも明法御房の往生の本意とげておわしましそうろうこそ、常陸国うちの、これにこころざしおわしますひとびとの御ために、めでたきことにてそうらえ。…（中略）…明法房などの往生しておわしますも、もとは不可思議のひがごとをおもいなんどしたるこころをもひるがえしなどしてこそそうろうしか」（本書第六通）と説かれるように、明法の往生を心底よりよろこびつつ、その往生を具体的な手掛かりに、造悪無碍に走ろうとする人々に対して真実の意味での悪人の救いとは何かを示す。そこには動揺する東国の状況を痛み、深く心を砕く教化者・親鸞のすがたが窺われるであろう。

(2)

ひとたび異義の火が燃え広がると、その火は容易におとろえず、果ては社会的問題をも引き起こしかねない。消息による親鸞の諭告や東国の長老たちの尽力にもかかわらず、念仏者間における信仰上の動揺はいよいよ振幅を増し、造悪無碍の振る舞いは在地の神祇や権力者をも巻き込んで複雑化を呈するようになる。ここに親鸞は自らに代わり、息男・慈信房善鸞を東国へ下向させることとなった。善鸞は当時四十代の半ば頃であったと推定され、長く自らの許で修学を重ねた息子の活躍に親鸞は大きな期待を寄せたことであろう。東国へ下った善鸞も、父の名代として、おそらく精力的に諍論の鎮静化に当たったかと考えられるが、図らずも彼の活動はかえって有力門侶の間にさらなる問題を惹き起こすこととなり、やがて自ら進んで秘事を唱えるまでになった。御消息中には善鸞宛のものが三通（本書第十・十一・二十通）、善鸞の問題についてその名を挙げて触れているものが二通（本書第十七・二十一通）あるが、東国の門侶たちによって善鸞の言動が逐次報告され、その実態があきらかになるに従い、親鸞が善鸞に寄せていた信頼を疑惑へ、そして不信へと変えていくさまが、それら一連の御消息を通して窺われるのである。

そしてついに、門侶の中に親鸞自身に対する不信感までもが現れるに至って、親鸞は正法の護持を願い、善鸞との父子の義を絶つという決断をする。親鸞八十四歳の建長八年（一二五六）五月二十九日、「慈信房のほうもんのよう、みょうもくをだにもきかず、しらぬことを、慈信一人に、よる親鸞がおしえたるなりと、人に慈信房もうされてそうろうとて、これにも常陸・下野の人々は、みなしんらんが、そらごとをもうしたるよしをもうしあわれてそうらえば、今は父子のぎはあるべからずそうろう。…（中略）…いまはおやということあるべからず、ことおもうことおもいきりたり。三宝・神明にもうしきりおわりぬ、かなしきことなり」（本書第二十通）と、悲しみの中に実子・善鸞に義絶を言い渡す消息が記される。これが一般に「慈信房義絶状」と呼ばれるものであるが、これは上述のいずれの書簡集にも収められておらず、唯一、高田の顕智による古写本が専修寺に襲蔵されるのみである。因みに、その末尾には「嘉元三年七月廿七日書写了」との顕智の識語が確認されるが、これは親鸞滅後四十三年を経た嘉元三年（一三〇五）、京都東山の大谷にある親鸞の廟堂の地をめぐって唯善（覚信尼の息・一二六六～?）の横領事件が生起した際、親鸞の血縁による私有化を防ぐべく、八十歳の顕智がその証しとして親鸞の御消息を写したものと推されることを付記しておく。

さて、この「義絶状」と同日付で、親鸞は東国の門侶に善鸞義絶の事実を伝えるため、横曾根の性信（一一八七～一二七五）宛に「義絶披露状」（本書第二十一通）を出している。そのことが示すように、性信は親鸞が去った後の東国において、門侶の長老として人々の指導に当たった中心人物の一人であった。同朋思想を説く真宗念仏の教えは、為政者側からすればある種の脅威であっただろう。異義・諍論に端を発した造悪無碍の徒の行き過ぎた行為などを口実に、東国では念仏者に対する訴訟事件が発生した。七月九日付の性信宛御消息（本書第十三通）には、この訴訟事件に際して性信が東国門侶を代表して事に当たり、念仏の立場をまもるべく尽瘁したことに対して、「御文のよう、おおかたの陳状よく御はからいどもそうらいけり。うれしくそうろう」というねぎらいの言葉が綴られている。なお、この念仏の訴訟事件に関して、善鸞がどういった役割を果したか、具体的に知ることはできないが、先の「義絶状」には「まことにかかるそらごとどもをいいて、六波羅のへん、かまくらなんどに、ひろうせられたること、こころうきことなり」とあって、実際に鎌倉幕府あるいは京都の六波羅探題に善鸞が虚偽の申し立てをしていることが知られ、また、正月九日付の真浄宛の消息には「慈信坊がもうしそうろうことをたのみおぼしめして、これよりは余のひとを強縁として念仏ひろめよともうすこと、ゆめゆめもうしたることそうらわず、きわまれるひがごとにてそうろう」（本書第十七通）とあり、善鸞が在地の権力者と手を結ぶべく動いていただろうことも窺われ、この訴訟事件をめぐって、善鸞がかなりの程度かかわっていたであろうことは間違いない。そして、いま見たように、親鸞が世俗の権力者の力を利用して念仏を広めることを強く諫止していることからすると、親鸞が善鸞を義絶するに至った背景には、本来、世俗に超越すべき仏法が世俗化する、すなわち世俗が仏法を呑み込み、念仏が世俗の道具として使われる、その危惧を善鸞の行動に見たことも大きな要因として存したのであろう。もちろん念仏者もまた社会に生きる人である限り、世俗とのかかわりを無視することはできない。ならば、仏法に生きる者は世俗といかにかかわったらよいのか。この訴訟事件を通して、おそらくそういった質疑が性信からも寄せられたものであろう。先の性信宛御消息には、「詮じそうろうところは、御身にかぎらず、念仏もうさん人々は、わが御身の料はおぼしめさずとも、朝家の御ため国民のために、念仏をもうしあわせたまいそうらわば、めでとうそうろうべし。往生を不定におぼしめさん人は、まずわが身の往生をおぼしめして、御念仏そうろうべし。わが御身の往生を一定とおぼしめさん人は、仏の御恩をおぼしめさんに、御報恩のために御念仏こころにいれてもうして、世のなか安穏なれ、仏法ひろまれとおぼしめすべしとぞ、おぼえそうろう」との記述が見えている。具体的な課題に答えるこれらの御消息は、『教行証文類』を初めとする教義の書物の言葉とは趣を異にし、世俗に対する親鸞の態度を看取することのできる貴重な文書である。

（3）

人生の晩年を迎えて、実子との縁を絶つという選択を余儀なくされた親鸞の心はいかばかりであったろう。八十六歳のときにまとめられた『正像末和讃』「愚禿悲歎述懐」の中には、「小慈小悲もなき身にて　有情利益はおもふまじ　如来の願船いまさずは　苦海をいかでかわたるべき」という一首がおさめられるが、我が子一人をも救えず、小慈小悲すらない愚かな身で、人を救うことができると思い上がっていた我が身をあらためて深く思い知った言葉であろうか。そこに開かれるのは、自他ともに救われていく弥陀の大悲の船に身をまかせることのみである。八十四歳での義絶以降、親鸞がそれ以前にも増してもっぱら筆硯に親しむ日々であったことは、なおいっそうその深い悲しみと内省の程を窺わせるものである。そしてその一連の編著の中で、恩師・法然を追慕し、その行状・法語・消息等を記した『西方指南抄』が、康元元年（一二五六）十月より翌年の初めにかけて集録・書写されていることにも注目される。自らが人師となって他を導いていこうとするのではなく、自身もただ師の言葉に耳を傾け、同朋とともにその み教えに聞いていきたいという心情のあらわれと考えられまいか。しかして、それと軌を一にするように、御消息の中にも法然の言葉が繰り返し引用されていく。善鸞事件の後の消息は、主として高田系門侶より出された疑義に答える御消息が中心になると考えられるが、それら法門上の疑問に懇切に対応しつつ、そういった学びが、ただ学問のための学問に陥っていきはしないかを懸念し、法然の「他力には義なきを義とす」（本書第二十七通ほか）という言葉を再三再四にわたって門侶に説き伝えていくのである。最晩年の文応元年（一二六〇）十一月十三日付乗信宛の御消息（本書第四十一通）には、「かまえて学生沙汰せさせたまい候わで、往生をとげさせたまい候べし。故法然聖人は『浄土宗のひとは愚者になりて往生す』と候しことを、たしかにうけたまわり候しうえに、ものもおぼえぬあさましき人々のまいりたるを御覧じては、『往生必定すべし』とて、えませたまいしをみまいらせ候き。ふみさたして、さかさかしきひとのまいりたるをば、『往生はいかがあらんずらん』と、たしかにうけたまわりき。いまにいたるまで、おもいあわせられ候なり」と、半世紀余りも前に見聞した師の言葉を記し、他力念仏には賢しらな分別心は無用であることを説いている。またそれに先立つ二年前、すなわち正嘉二年（一二五八）十二月、はるばる上京した顕智が三条富小路の善法坊にて親鸞より聞き書きしたという、いわゆる「自然法爾」の御消息（本書第三十八通）においても、「自然というは、自はおのずからという。行者のはからいにあらず、しからしむということばなり。然というは、しからしむということば、行者のはからいにあらず、如来のちかいにてあるがゆえに。…（中略）…すべて、人のはじめてはからわざるなり。このゆえに、他力には義なきを義とすとしるべしとなり。自然というは、もとよりしからしむということばなり」と、法然の言葉を根幹に据え、我々の思議分別を超えた如来の自然なる救いを高らかにかつ味わい深く述べている。古来より親鸞の最晩年の信境をあらわしたものとして注目される一通である。

こういった法然の言葉とともに、御消息には「如来とひとし」・「弥勒におなじ」と言われる親鸞の教説が度々示されていることにも気づく。もちろん、「如来とひとし」・「弥勒におなじ」という思想は御消息以外の著作にも散見され、それらの教証として掲げられる『華厳経』や『無量寿経』の経文も、すでに『教行証文類』等に引用されるところである。しかしながら、「如来とひとし」という表現が御消息中にとりわけ多く見られるのはなぜであろうか。次生に仏となることに定まっている弥勒菩薩と同じ一生補処という位にあることから、釈迦が「我がよき親友なり」と説いていることから、諸仏によってよろこび讃えられることとから等、消息中には信心の人が「如来とひとし」と言われることの根拠が幾つか示されるが、何よりも如来より賜った信心は、「如来とひとし」き智慧と慈悲の徳に満ちた仏因である。「浄土の真実信心のひとは、この身こそあさましき不浄造悪の身なれども、こころはすでに如来とひとしければ、如来とひとしともうすこともあるべしとしらせたまえ。…（中略）…光明寺の和尚の『般舟讃』には、『信心のひとはその心すでにつねに浄土に居す』と釈したまえり。居すというは、浄土に信心のひとのこころつねにいたりというこころなり」（本書第二十五通）という言葉が示すように、現実のその身は日々の生活の糧を追い求めながら暮らす不浄造悪の身ではあろう。けれども真実の信心を得た念仏者は、その信心において「如来とひとし」き徳を身に具えて生きていく。こうして念仏者の一人一人が自らの尊厳性に目覚めていくよう願い、「如来とひとし」と繰り返し示すのは、社会の中で底辺に位置付けられながら日々を暮らす、現実の念仏者を具体的な対告衆として書かれた御消息であればこそであろうか。いずれにせよ、「如来とひとし」の教説もまた、自然法爾とともに親鸞の最晩年の心の在り処をさぐる上で見逃せないものである。

東国を去っていつしか二十数年、深い親交で結ばれた同朋の中には、親鸞に先立って亡くなっていったものたちもあった。八十代も半ばを越えた最晩年の御消息の中には、そのような人々に対する親鸞の感慨を窺わせる数通がある。ことに下野高田の慶信に宛てたものは、慶信自身の上書を初め親鸞の加筆、返事、さらに親鸞の侍者・蓮位の添状までもが残る珍しいものであり、その添状によって、慶信の父である覚信が病をおして東国より上洛し、のち聖人のもとで念仏の中に息を引き取っていった様子を詳しく知ることができる。そして蓮位は、その文末を「ことに覚信坊のところに御なみだをながさせたまいて候也。よにあわれにおもわせたまいて候也」（本書第三十七通）と結び、他の書物では決して知ることのできない、親鸞の至淳なる感情の発露を今日に伝えてくれているのである。

さらにはまた、これも消息ならではと言えるだろうか、親鸞自らが自身の老境に言及して語った言葉をもたずねることができる。「この身は、いまは、としきわまりてそうらえば、さだめてさきだちて往生しそうらわんずれば、浄土にてかならずかならずまちまいらせそうろうべし」（本書第三十五通）と記すこの言葉は、自らの今生における終末について触れ、手紙を宛てた同朋に対し、浄土での倶会一処を約束するかの如き響きをもって語られる。人としてこの世界に生を受けた限り、やがて肉体の生命の尽きるときは訪れ、残されるものは大きな喪失感を抱くことであろう。しかし、その人の生きざまを知り、その人の心に触れ、心底より敬愛できる、そういった人からこの言葉が発せられたとき、それは、残されゆくものの悲しみを癒すとともに、願生浄土への大きな機縁となっていく。生死を超えた見地に立ち得た人から、いまだ生死に迷うものに向けられた、何よりの教化の言葉なのではないだろうか。

＊　＊　＊　＊　＊　＊

数多くの書物を著されながらも、自己を語られることの極めて少なかった聖人。しかしながら、幸いにもこれらの御消息が伝え残され、私たちはわずかながらもその晩年における生活や心境、そして教化のすがたを窺い知ることができる。聖人滅後、こうしてその御消息が集められ伝えられてきたのも、ひとしく聖人を慕い、浄土を願う遺弟たちの念力によるものであろう。こんにちの我々もまた、無常の世を生きるお聖教として、正しく深くいただかねばならない。

あとがき

前に本願寺中興・蓮如上人の五百回忌をご縁として、私たち同学の三人それぞれが分担、「現代の聖典」として『五帖御文』と『御一代記聞書』を出版した。さらに新世紀を迎えて、九年後には宗祖・親鸞聖人の七百五十回忌が待たれる。

真宗教学の根幹は、もとより『教行証文類』六巻になるが、初期教団・同朋の実践に即した自信教人信の実態は、聖人が差出された御消息によって知られる。それは、自身往生の為に全四十三通を書簡集・現代語訳として推考したもので、今回も法蔵館主の了解により公刊させていただいた。

〔参考書〕

真宗聖典編纂委員会編　『真宗聖典』（東本願寺出版部）昭和五三年

真宗聖典編纂委員会編　『浄土真宗聖典』註釈版（本願寺出版社）昭和六三年

意訳真宗聖典刊行会編　『意譯真宗聖典』（法藏館）大正一二年

石田瑞磨訳　『口語訳　親鸞書簡集』（大蔵出版）昭和三〇年

加藤辨三郎編　『末燈鈔』（日本放送出版協会）昭和五七年

真継伸彦現代語訳　『親鸞全集4　和讃・書簡』（法藏館）昭和五八年

真宗の世界　『親鸞聖人御消息研究』（大日本真宗宣伝協会）大正一二年

花山大安述　『末燈鈔欽仰記』（大谷派安居講本）昭和九年
東本願寺　『教化研究』13・15「御消息講讃」（教化研究所）昭和三一年
宮地廓慧著　『御消息講讃』（百華苑）昭和四九年
中野良俊著　『末燈鈔に聞く』（真宗大谷派名古屋別院）昭和五五年
多屋頼俊著作集・第二巻　『親鸞書簡の研究』（法藏館）平成四年
霊山勝海著　『末灯鈔講讃』（永田文昌堂）平成一二年
坂東性純・今井雅晴・赤松徹真・大網信融著　『親鸞面授の人びと』（自照社出版）平成一二年
麻田慶雲著　『善鸞の生涯に思う』（法藏館）平成一二年
細川行信著　『真宗成立史の研究』（法藏館）昭和五二年
真宗新辞典編纂会編　『真宗新辞典』（法藏館）昭和五八年

平成一四年二月一五日

著者紹介

細川行信（ほそかわ　ぎょうしん）
1926年２月生まれ。大谷大学文学部卒業，文学博士。大谷大学名誉教授。2007年10月逝去。
著書『真宗成立史の研究』『真宗教学史の研究１』『真宗教学史の研究２』『大谷祖廟史』ほか多数。

村上宗博（むらかみ　むねひろ）
1958年11月生まれ。神戸大学工学部化学工学科卒業。大谷大学大学院博士課程真宗学専攻満期退学。

足立幸子（あだち　ゆきこ）
1963年９月生まれ。金沢大学文学部行動科学科卒業。大谷大学大学院博士課程真宗学専攻満期退学。現在，大阪大学日本語日本文化教育センター非常勤講師。

現代の聖典 親鸞書簡集 全四十三通

2002年６月25日　第１刷発行
2014年７月25日　第４刷発行

著　者　細　川　行　信
　　　　村　上　宗　博
　　　　足　立　幸　子

発行者　西　村　明　高

発行所　株式会社　法　藏　館

〒600-8153 京都市下京区正面通烏丸東入
振替 01070-3-2743　電話 075（343）5656

ISBN 978-4-8318-4046-2　中村印刷・吉田三誠堂製本所